행복의 조건

행복의 조건

지성으로 여과된
체험의 행복

하기식 지음

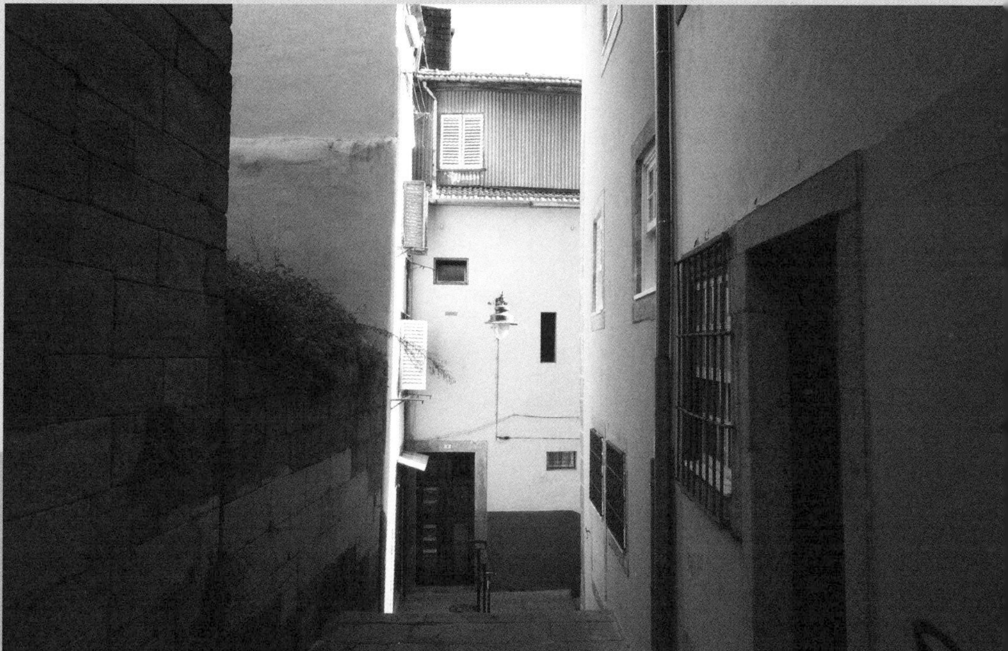

"화려하지 않아도 행복의 꽃을 피울 수 있다."

미담길
MI DAM GIL

야경은 겔레르트 언덕의 정상이 오렌지색으로 물들여질 때, 날이 저물기 시작하고 해가 완전히 넘어가기 직전, 시가지의 불빛이 드문드문 나타나기 시작하는 무렵에 그 절정을 이룬다. 특히 페슈트 지역에서 바라본 왕궁과 마사치 교회의 야경은 일품이다.

| 차 례 |

작가의 말 · · · 10

01 행복의 조건

행복의 조건 … 15
발을 씻겨라 … 17
코로나와 해외여행 … 21
마스크를 벗어 던지자 … 26
몸과 마음 … 30
즐거운 테니스 … 34
피란길 … 38
섬김과 봉사의 보람 … 42
착한 사마리아인 법 … 47
하나님의 비젼 … 51

02 갑절의 축복

갑절의 축복 … 59
나의 뿌리 … 64
어머니의 태몽 … 68
소총의 분해 결합 … 73
자랑스러운 수석 … 78
만옥정 … 82
통근버스를 타라 … 86
교수의 길 … 91
재직 중의 국민훈장 … 96
서울세계수학자대회 … 101

03 아프리카의 인상

아프리카의 인상 … 109
잔지바르의 노예 시장 … 113
체코, 헝가리 역사 투어 … 117
프라하에서 비엔나로 … 121
부다페스트에서 찰즈부르크로 … 125
잘츠부르크에서 루째른으로 … 129

남미의 여정 … 134
파라과이 여정 … 138
더 그리운 백두산 … 142
드디어 필즈상을 … 146

04 원주율의 날

원주율의 날 … 153
내리사랑 … 157
한국 수학의 해 … 161
캠퍼스 정직 운동 … 164
쇠고기 국밥 … 168
달란트 … 170
어르신 우대 … 174
일본 유학 생활 … 176
프랑스 유학 생활 … 180
국내외 대학 초청 강연 … 185

05 물과의 추억

물과의 추억 … 191
중후한 중저음으로 심금을 울려라 … 195
어버이날에 … 200
친구 … 204
우리의 각성이 필요한 때 … 208
어느 스승의 날에 … 212
새 일왕으로 생각나는 것들 … 216
융프라우 봉우리 … 220
광야 … 223
영혼에 와 닿는 빛과 소리 … 227

작가의 말

수필, 그대 향기를 담고

2002년에 등단하여, 2004년부터 10년간 첫 수필집 『아름다운 황금분할』을 비롯, 네 권의 수필집을 발간했지만, 그 후 10여 년간 단 한 권의 수필집도 내지 못했다. 이 막바지에 그동안 써 놓았던 수필 중에서 엄선하여 본 수필집을 내게 되어 참으로 다행이다. 수록된 작품 중에는 그 내용이 몇십 년 전 일일 수도 있고, 10여 년 전 일이거나, 또는 5, 6년 전의 내용을 비롯하여 가까이는 최근에 지은 작품도 있다. 시제가 잘 맞지 않아 읽기에 부담스러울지도 있겠지만, 나의 입장에서는 이렇게 해서라도 한 권의 수필집을 더 낼 수 있게 되어서 얼마나 행복한지 모르겠다. 그동안에 써놓았던 내용을 회상하면서 추억에 잠기기도 하고, 지난 일들을 생각하면서 즐기기도 하며, 또 그 내용에 대하여 후회하기도 하였다.

본 수필집은 5부로 나누어 각 부마다 10편의 수필로 구성했으며, 총 50편의 작품을 실었다.

제1부에서는, 살아가는 동안 행복의 조건이 무엇인가를 고찰하면서 사람은 누구나 교만할 수 없으며, 겸손으로 지혜롭게 생을 유지하도록 남의 발을 씻기는 세족식의 내용을 담은 글을 수록하고, 최근에 인류가 처음으로 경험한 코로나-19 바이러스에 관한 글과 어린 시절

한국전쟁 때 고향을 등지고 높은 재를 넘어 안전한 지역으로 피란했던 일과 어른이 되어 직장 생활을 하는 동안 건강을 유지하기 위하여 테니스에 입문하여 즐거운 생활을 한 내용의 수필을 담았다.

제2부에서는, 나의 뿌리를 상세히 언급하고, 고등학교 졸업식에서 자랑스러운 졸업 수석의 상을 받고 결혼, 자녀 등과 함께한 일상적인 인생 역정의 지난 일들과 취직하기 힘든 교수직의 길에 들어선 내용들을 담았다.

제3부에서는, 주로 세계 여러 곳을 여행한 추억을 되살렸다. 오늘날과 같이 세계여행이 자유로운 때에도 언뜻 실천에 나서기가 쉽지 않은 여행을 다녀온 것은 참으로 다행이다. 노예시장이 있었던 아프리카의 잔지바르를 비롯하여 체코와 헝가리, 프라하와 비엔나, 부다페스트와 잘츠부르크 그리고 루체른에 이르기까지 아프리카의 여러 곳을 여행한 것은 나에겐 행운이었다. 더욱이 10여 년간 연변과기대에 교수로 재직하면서 여가를 이용하여 백두산 등정의 기회를 네 번씩이나 가진 것은 무엇과도 비교할 수 없는 값진 일 중의 한 부분이다.

제4부에서는, 일본과 프랑스 유학을 통해 실력을 쌓아서 원활한 교수 생활을 이어 갈 수 있게 된 다행스러웠던 일들을 실었다.

끝으로 제5부에서는, 중후한 중저음으로 심금을 울리는 첼로에 입문하여 교회 예배 시 찬양대의 스트링 팀에서 섬긴 일과 또 어버이날과 스승의 날에 대한 추억을 담은 글을 수록했다.

그러고 보니, 내가 문단에 들어선 지 20년의 세월이 흘렀다. 이쯤 되면 수필가로서의 위상도 분명해지고, 수필 쓰기에 대한 자신감이 높아질 만도 한데, 언제나 수필 짓기에 대한 자신이 없다. 성격 탓인가, 나이 탓인가? 그렇다고 수필 쓰기를 포기할 생각이 있는 것도 아니다. 오히려 수필 원고 청탁이 오면 그렇게 즐거울 수가 없다. 기한 전에 수필 원고를 보내놓고 게재된 수필 문예지가 출판되어 나오기를 기다리는 마음은 더없이 행복하다. 최근에 본인의 수필이 실린 『수필뜨락』 가을호는 받았고, 2025년 봄호 원고 청탁을 받아놓고 집필 중이다. 이 봄이 가기 전에 내 글이 실린 아담스러운 책을 받아볼 수 있기를 행복한 마음으로 기다리고 있다.

2025년 4월 10일

저자 夏山 하기식

1부
행복의 조건

"나 남이 못 본 것을 보았고
나 남이 듣지 못한 음성 들었고
나 남이 받지 못한 사랑 받았고
나 남이 모르는 것 깨달았네"

행복의 조건

　날 때부터 뇌성마비 장애인으로 태어난 한 여류시인에 관한 이야기는 큰 감동을 준다. 그가 태어날 때 의사의 실수로 뇌에 손상을 입었다. 의사들이나 부모들이 이 아이를 위해서 해 줄 수 있는 것은 아무것도 없었다. 모유나 우유를 먹일 수 있는 형편이 아니어서 쌀가루 끓인 물을 강제로 먹일 수밖에 없었다. 일곱 살까지 누워 있어야만 했다. 천신만고 끝에 열한 살 때 겨우 한글을 익힐 정도였다. 누가 보아도 행복할 것 같지 않은데, 그의 어떤 시를 보면 자신은 행복에 겨워 어쩔 줄을 모르는 것 같다.

　그에게는 행복이 외적인 조건 즉, 자신의 뇌성마비나 가난과는 무관한 것 같다. 행복이 건강이나 재력, 지식 등과 같은 일상적인 것에 좌우되지 않는다는 것을 말해 준다. 사람들은 행복의 조건을 건강이나 재력 및 지식에 두고 그 행복을 쟁취하기 위하여 건강에 매진하거나 부를 축적하거나 지식을 얻기 위해서 노력한다. 불행을 피하고 행복을 쟁취하기 위하여 최선을 다한다. 그래서 건강해지면, 부자가 되면, 지식을 얻으면 행복할 것이라 생각하고 그렇지 못하면 불행할 것이라 생각하는 것이 일반적이다. 그러나 이 시인의 시를 보면 반드시 그런 것만은 아니다.

　　내게 남이 가진 재물 없으나
　　남이 가진 지식 없으나
　　남이 가진 건강도 있지 않으나
　　난 남에게 없는 것 나에게 있고

　　남이 못 본 것 내가 보았고
　　남이 듣지 못한 음성 내가 들었고
　　남이 받지 못한 사랑 내가 받았고
　　남이 모르는 것 내가 깨달았네.

『나 가진 재물 없으나』 시 일부이다. 이 시인처럼 건강이 좋지 않아도, 재력이 부족해도, 지식이 모자라도, 분명 행복해질 수 있는 길이 있음을 웅변으로 말해 주고 있다.

발을 씻겨라

　여름 휴가철은 여러 단체들이 구성원들을 위한 수련회와 그 준비로 바쁜 때이다. 더구나 종교 단체들의 청소년들 모임에서는 학교가 여름방학을 하는 기회를 이용하여 학업으로 피로해진 정신과 육체에 쉼을 주고, 다음 세대의 훌륭한 지도자로 발돋움할 수 있도록 수련회를 마련하여 운영한다. 도심에서 멀리 떨어진 산과 계곡, 끝없이 펼쳐지는 바닷가도 좋다. 한적한 시골 농촌도 이런 수련회에는 안성맞춤이다. 일상생활에서 벗어나 자연과 벗을 삼고, 인성 훈련과 심성 훈련, 더 나아가서 영성 훈련으로 무장하여 내일의 역군으로 새롭게 거듭나는 값진 수련회가 되도록 열과 성을 다하여 준비에 임한다.
　이런 수련회에서는 여러 가지 다양한 프로그램이 있을 수 있으나, 거기에 빼놓을 수 없는 것이 세족식(洗足式)이다. 세족식이라니까 딱딱한 느낌이 들기도 하지만 '남의 발을 씻기는 일'이라고 생각하면,

부드럽고 쉽게 와 닿을 것이다. 아닌 게 아니라 세족식이라는 말만 들어도 마음이 경건해진다.

　최근에는 세족식이 이런 수련회에서뿐만 아니라 여러 분야에서 다양하게 행해지고 있다. 연예인 아내를 둔 어떤 축구 국가대표선수는 국가대표의 엄숙한 사명을 다하고 아내를 극진히 사랑하겠다는 증표로, '항상 낮은 자세로 임하겠다'면서 아내의 발을 씻긴다는 것이다. 또 어느 대학에서는 다른 때와는 달리, 개강을 하면서 교수가 학생들의 발을 씻기는 의식을 거행했다는 소식도 있다. 그리고 어느 자녀들은 부모님의 생신을 맞아 생신 선물로 부모님의 발을 씻겨드렸단다. 심지어는 선거에서 당선된 서울의 어느 기초단체장은 세족식과 함께 임기를 시작했다는 훈훈한 미담도 있다. 세족식이 이처럼 여러 분야에서 폭넓게 확산이 되어 활용이 되는 것은 그것이 지니는 의미가 매우 크기 때문이리라. 최후의 만찬 자리에서 예수님은 허리에 수건을 두르고 미리 준비해 놓은 대야의 물로 제자들의 발을 차례로 씻기고 수건으로 발을 닦은 후에 미안해 하는 제자들에게 "내가 선생이 되어 너희들의 발을 씻겼으니 이를 본받아라."라고 하셨다.

　세족식이라고 하면 아무래도 성경에 나타난 예수의 최후의 만찬 자리에서의 그것일 것이다. 인권이 존중되고 자유가 활짝 꽃피어 있는 이때 세족식은 민주 시민으로 생활 자세가 어떠해야 하는지를, 더욱이 민주주의 시대의 지도자가 어떤 자세로 임해야 할지를 잘 교훈해 준다.

　세족식의 준비는 어려운 일이 아니다. 알맞게 대야에 물을 담고 의

자를 준비한다. 세족식의 끝에 발의 물기를 닦아주는 수건도 준비한다. 우선 상대방을 의자에 앉히고 신과 양말을 벗긴 후, 두 발을 가지런히 붙여 대야의 물에 발이 잠기도록 한다. 분위기를 위해서 촛불을 켜고 조명을 적당히 맞추면 금상첨화일 것이다.

그러면 세족식이 어떤 의미를 가졌기에 여러 분야에서 선호하는지를 생각해 볼 필요가 있다. 먼저 발은 몸의 제일 아래쪽에 있어서 발을 씻기려면 손이 상대방의 발에 닿을 때까지 허리를 굽히거나 몸을 구부려 아래로 낮추어야 한다. 때로는 무릎을 꿇어야 할 경우도 있고, 어쨌든 최대한도로 몸을 낮추어야 한다. 몸을 뻣뻣하게 선 채로는 손이 발에 닿지 않아서 발을 씻어 줄 수는 없다. 더욱이 선 상태로 상대방을 보고 손이 닿는 데까지 발을 들어 올리라고 할 수는 없는 일이다. 상대를 편안하게 앉힌 후 높이를 맞추고 낮아져서 발을 씻겨야 한다.

일 세기 당시 팔레스타인 지방의 풍습으로는 주인이 외출했다가 돌아오거나 방문객이 오면 그 집의 종이, 주인 또는 방문객의 발을 씻겼고, 비가 잘 내리지 않는 기후여서 먼지 투성이의 길을 샌들과 같은 신을 신고 다니다가 귀가 시나 방문 시에는 종이 미리 준비한 항아리의 물을 이용하여 주인과 방문객 등의 먼지 묻은 발을 씻겼다는 것이다. 이처럼 세족식은 민주시민과 지도자는 교만을 멀리하고 겸손해야 하며, 심지어는 종의 자세로까지 낮아지는 삶을 살아야 한다는 엄숙한 교훈을 준다.

발은 몸의 지체 중에서 가장 더러운 곳의 하나이다. 땅의 먼지가 가장 많이 묻는 부분이다. 몸의 하중을 지탱하느라 가장 땀이 많이 고이는 곳이다. 먼지와 땀이 범벅이 되어 발가락 사이와 그 주위에 때로 남는다. 우리의 관습으로도 외출에서 돌아오면 먼저 더러운 발부터 씻는 것이 일상사이다.

어떤 기록에 의하면, 파키스탄에서는 남에게 발을 보여 주는 것은 무례한 행동으로 여긴다고 한다. 그만큼 발이 더럽다는 의미이다. 또 인도에서는 카스트 제도상 노예 계급인 수드라를 발에 비유하여, 천민 수드라는 흙먼지를 밟는 발처럼 더러운 존재임을 뜻한다. 발에는 항상 때가 묻는다. 발을 씻기는 것은 허물을 씻기는 것을 의미하며, 발을 씻긴다는 것은 용서의 은총을 베푸는 것을 말한다. 종교적인 의미가 아니더라도 더럽혀진 발을 갖지 않은 사람은 없다. 허물이 없는 사람이 없다는 말이다. '털어 먼지 나지 않는 사람 없다'라는 속담처럼 사람은 누구나 흠이 있고 실수하기 마련이다. 세월이 지나면 지날수록 허물은 더 많이 쌓인다. 그래서 세족식은 이웃의 잘못을 용서해 주고 남의 허물을 덮어주고 감싸 주어야 한다는 사랑의 교훈을 준다.

'사람 위에 사람 없고 사람 밑에 사람 없다'라는 구호처럼 누구도 교만할 수 없으며 겸손한 자세로 낮아져서 이웃을 섬겨야 함이라. 더욱이 정치 지도자는 국민의 눈높이에 맞추어 국민을 섬겨야 할 것이며, '섬기는 지도자'의 자세가 절실히 요구된다. 아울러 인간이 가진 잘못을 매일 발을 씻기는 것과 같이, 남의 허물을 감싸주고 용서해 주며 깨우쳐 주고 격려해 주는 일이 진정한 의미의 세족식일 것이다.

코로나와 해외여행

2020년은 코로나(코로나-19 바이러스의 줄임말)로 인해서 온 세계 인류가 한 번도 경험해 보지 못한 큰 재앙을 입은 한 해이었던 같다. 이듬해에도 그 재앙이 어느 정도는 계속되고는 있었지만, 한낱 미물인 코로나의 위력 앞에서 21세기 최첨단 과학을 자랑하는 만물의 영장인 인간이 그와의 싸움에서 곤욕을 치르고, 그 자존심을 무참히도 짓밟히기도 했다.

다행히도 최근에는 코로나 백신의 출현으로 인간의 구겨진 위신과 빼앗긴 일상을 회복할 수 있을 것 같은 기미가 보이기도 한다. 그래서 지금 몇 나라의 백신 개발 덕으로 코로나의 확산이 축소되어 땅에 떨어진 인간의 자존심을 회복하고 잃었던 일상도 되찾게 되었다.

중국 우한의 코로나가 대구를 중심으로 전파되긴 했어도 모든 의료진들과 국민들이 한마음 한뜻이 되어 코로나의 확산을 잘도 막아내었고 이제 우리나라에서는 코로나의 종식이 오는 것이 아닌가 생각되었었는데, 광복절 대집회 이후 서울을 비롯한 수도권에서 코로나 감염이 확산되고, 각 지방에서도 적으나마 코로나의 집단 감염이 나타난 것은 심히 우려스러운 일이었다.

그럼에도 우리나라의 경우 자찬 타찬을 거듭해 온 코로나의 확산 방지나 방역에 관한 일들, 소위 K-방역이 다른 나라의 방역에 비해서 모범적이라고 해 왔었다. 그래서 자랑하고 자부심도 가졌다. 그러나 2차 감염을 비롯하여 3차의 감염 확산을 거치면서 K-방역의 자랑과 자부심은 어디로 가고 수많은 감염자가 발생하고 그에 따라 사망자의 수도 증가함에 우려를 금할 수 없었으며, 의료 장비나 의료 인력의 확보에도 어려움을 겪고 있어서 의료 대응의 붕괴를 염려하는 소리가 자자했었다.

사람이 모이는 곳에서는 자연히 코로나 감염을 피할 수 없음으로 사람들의 모임을 최소화하라는 것이 방역 당국의 요청이다. 즉 일상을 자제하라는 것이다. 일상을 자제하고 사람이 모이지 않으니까 장사도 안 되고, 교육도 종교 활동도 체육 경기도 잘 안 되는 형편이 되었다. 코로나 확산을 방지하기 위하여 모여서는 안 된다고 하니까 문제다. 그러나 빠른 정상화를 위해서는 현재 다소의 불편과 아쉬움은 감내하면서 방역에 적극적으로 협조해야 한다.

일상을 포기해야 하니까 특히 연말이나 연초의 모임이 수포로 돌아갔다. 겨울철 스포츠를 즐길 수 있는 스키장이 문을 닫고, 한 해의 마지막 날의 일몰을 보고 다음 해를 다짐해 보는 일도 하지 못하고, 더욱이 새해 첫날의 일출과 함께 새로운 꿈을 설계하는 기회를 박탈

당하는 형편이었다.

　그러나 여러 나라의 연구소에서 코로나에 대한 백신이 연구 개발되어 일부 국가에서는 의료진과 노인층을 위시하여 백신을 접종하고, 우리나라도 2021년 2월 경에 예방접종이 가능하다는 소식이고 보면, 코로나를 박멸하고 인간의 자존심을 회복하여 승리할 수 있는 날이 곧 올 것 같다. 그러면 그렇지 일개 미물에 자존심을 빼앗길 인간이 아니다. 확실하게 코로나를 박멸하여 인간의 존엄성을 지키고, 코로나와의 전쟁에서 승리하고 인간의 행복을 유지해 나가야 할 것이고, 일상을 회복해야 한다.

　코로나로 인해 일상의 상실에서 가장 타격을 받는 것 중의 하나가 국내여행이라고 할 수 있다. 해외여행은 쉽게 실행되는 것이 아니다. 장시간의 준비와 재정적인 문제 해결이 급선무이다. 마실 가듯 동네 한 바퀴 돌고 오는 것이 아니고, 오랜 준비 기간이 필요한데, 목적지가 있는 나라가 우리나라보다 더한 코로나의 피해를 보고 있는 나라이고 보면, 해외여행은 포기할 수밖에 없다. 그럴수록 지난날의 즐거웠던 국외여행을 잊을 수가 없다. 겨울철에 눈 덮인 알프스를 여행했던 일이 생각난다.

　수년 전에 단원으로 있었던 부산장로성가단의 유럽 연주회 일환으로 눈 덮인 프랑스를 여행한 적이 있다. 그때 일을 잊을 수가 없다. 더욱이 코로나로 꽉 막힌 지금의 국외여행이고 보면 그때가 더욱 그리워진다. 그때를 회상해 보고 다소나마 위로를 받아보기로 한다.

　우리 국적기를 이용하여 영국 런던에 도착, 도버해협을 건너서 스위스의 제네바로 이동하여 융프라우 관광의 기점인 인터라켄으로 옮겼다. 오후에 인터라켄 오스트역에서 등산 열차로 '젊은 여인'이라는 뜻을 가진 융프라우, 해발 3,454m로 유럽에서 가장 높은 봉우리 중의 하나인 융프라우의 정상을 향하여 출발하였다. 융프라우 주위는 열차의 차창 밖으로 펼쳐지는 은백색의 산봉우리와 빙하가 장관이었다. 융프라우 정상에서 바라보는 알프스의 경관을 보고는 감탄을 금할 수가 없었다. 얼음 동굴을 지나 리프트로 정상에 올라 만년설을 밟으며 강풍에도 불구하고 거기 꽂아 놓았던 적십자기가 뚜렷한 스위스 국기를 배경으로 기념촬영을 하였다. 그런데 주위의 경치를 돌아보다가 아차 하는 사이에 강풍에 날아가 버린 등산모가 눈 깜빡할 사이에 만년설에 미끄러져 깊은 계곡으로 멀어져 가버렸다. 그 모자는 지금도 알프스의 만년설의 그 계곡에 묻히어져 있을 것이다.

융프라우는 사계절 언제라도 눈 덮인 알프스산맥의 절경을 감상할 수 있고, 등산 열차를 타고 3,500여m의 고지에서 바라볼 수 있는, 또 다른 유럽이라고 할 수 있다. 비록 너무나 고지라서 산소가 희박하여 호흡에 다소 곤란을 느꼈지만, 눈꽃들과 그림을 그린 듯한 자연의 경관에 벌린 입이 닫히질 아니했다. 세계의 관광객을 끌려면 경치가 이런 정도는 되어야 하지 않을까 싶다. 유럽은 역시 자신들이 만든 관광 상품이 아니더라도 자연이 제공한 관광 상품으로 그들의 부를 누리고 있는 셈이다. 그때의 해외여행은 평생에 경험할 수 있는 좋은 기회였다. 하루 속히 코로나를 극복하고 해외여행을 자유롭게 할 수 있는 날이 속히 오리라 기대해 본다.

키위(Kiwi)라고 하면 녹색 또는 황금색의 새콤한 맛이 나는 과일이 먼저 생각난다. 우리나라에서도 참다래라고 하여 평소에 자주 먹는 과일이다. 뉴질랜드에 여행할 기회가 있어서 가보니 뉴질랜드산 키위가 유명했는데, 뉴질랜드 사람들은 그것을 키위 과일이라고도 한다.

키위는 이 과일뿐만 아니라 뉴질랜드에 서식하는 날개 없는 새, 무익조를 지칭하기도 하고, 더욱이 애칭으로 뉴질랜드 사람 스스로 키위라 부르기도 한다.

마스크를 벗어 던지자

 외출하거나 대중교통을 이용하다 보면, 마스크를 착용한 사람 일색이다. 코로나 바이러스 이전보다 훨씬 사람의 수가 줄었는데도 온통 마스크로 꽉 찬 느낌이다. 마스크는 주로 흰색이고 가끔 검은색이나 파란색이 눈에 띄기도 한다. '마스크는 백신이다.'라고 어떤 사람이 말했다지만, 마스크야말로 바이러스 전염병을 예방하는 유익한 도구로 인정되고 있다.
 마스크를 착용하고 있는 동안 숨 쉬기가 여간 힘 드는 일이 아니다. 더욱이 안경을 사용하는 사람에게는 입김 때문에 앞을 보기도 힘든 현편이다. 그런데도 대부분의 사람들이 마스크를 착용해야 되는 것으로 인식하고 있음은 마스크를 착용하는 것이 코로나바이러스 전염병 방역에 크게 도움이 될 뿐 아니라, 정부의 방역 지침에 적극적으로 협조하는 것이라고 생각하기 때문이다. 그래서 우리나라의 코로나 방역 즉 K-방역에 관한 한, 마스크 착용을 비롯해서 사람 사이의 거리 두기 등을 겸하여 실천하므로 타국의 추종을 불허하는 방역의 성과를 거두었다는 것이다. 이렇게 숨쉬기 힘든 마스크 착용을 견뎌내면서 오늘에 이르렀다. 하루라도 빨리 이 마스크를 벗어 던지고 싶다.

일상이 아닌, 마스크 착용의 역사를 살펴보면 약 200여 년 전에 유럽을 휩쓸었던 흑사병, 결핵, 콜레라 등의 전염병을 차단하기 위해서 한 미생물학자가 만든 것이 효시가 되어, 프랑스를 필두로 영국과 독일을 거쳐 전 유럽으로 발전했다는 기록이 있다. 그리고 세계에서 산업화를 제일 먼저 이루어 낸 영국을 비롯하여 극심한 공기 오염으로부터 건강을 지키기 위해 마스크를 착용하고 다녔다고 한다. 산업화로 생겨난 대기 오염의 문제는 당시의 영국뿐만 아니라 산업화를 이룩한 오늘날의 우리나라를 포함하여 세계 여러 나라도 예외는 없다.

몇 년 전에는 대기 오염과의 전쟁을 선포할 만큼 프랑스에서도 공해가 안개처럼 도시를 뒤덮는 사건이 있었다. 이때도 마스크가 큰 역할을 했다고 한다. 마스크가 전염병을 차단하기도 하고 산업화의 대기 오염을 방지하는 데에도 이용이 되면서 200년 전에 처음 출현한 마스크의 효능을 지금도 누리고 있다니 신기하기도 하다.

이런 유익한 마스크라 해도 노약자들에겐 마스크 착용으로 호흡 곤란이 따라옴으로 어떤 모양으로도 마스크를 벗어 버릴 생각을 하기 마련이다. 그래서 마스크로 코와 입을 동시에 막아야 하는 것이 마스크의 올바른 착용법인데, 우스갯소리로 코만 막고 입은 막지 않는 '코스크'와 입만 막고 코는 막지 않는 '입스크' 그리고 코와 입을 막지 않고 마스크를 턱에 걸치는 턱스크 등이 있다. 또 코와 입은 막지 않고 마스크를 한쪽 귀에 걸어 놓는 귀스크라는 말도 생겼다. 얼마나 마스크로 인한 괴로움이 컸으면 이런 말로 서로 위로를 하게 되었을까. 언젠가는 코로나19가 지나가고 마스크를 벗어 던질 날이 올 것이다.

그렇게 되기 위해서는 힘이 들겠지만, 역설적이게도 철저한 마스크 착용, 소정의 적절한 거리 두기 등을 겸해서 잘 준수해야겠다. 그러면 마스크를 벗어 던지고 두 팔을 높이 벌리고 하늘을 향하여 만세라도 외칠 수 있으렷다.

아무리 코로나가 강할지라도 언젠가는 인간이 승리할 것이다. 그래서 흔히 말하는 '이 또한 지나가리라'와 같은 말이 생각난다. 이 말은 성경에 있을 법한 얘기라고 생각하지만, 성경에는 나타나지 않는 말이다. 이는 구약 시대 유대 랍비들이 성경을 해석 혹은 재해석한 책으로 알려지고 있는 '미드라쉬(Midrash)'에, 혹은 페르시아의 이슬람 전통에서 볼 수 있는 솔로몬의 설화에 있는 것으로 알려지고 있다. 여기에 나오는 솔로몬의 설화는 다음과 같다.

적국과의 치열한 대전쟁에서 승리하고 개선한 다윗왕이 그 승리의 감격을 오래 간직하고 기념하기 위하여 기념 반지를 만들도록 한 반지 제조자에게 명령했다. 그 반지 제조자는 반지를 완성해 놓고, 그곳에 새겨 넣을 글귀를 무엇으로 할까 생각하다가 솔로몬 왕자와 상의를 했다. 솔로몬 왕자는 오랜 생각 끝에, '이 또한, 지나가리라'라는 글을 새겨 넣도록 했다. 반지 제조자는 솔로몬 왕자의 의견을 받아들여서 이 글귀를 반지에 새겨 넣고 다윗왕의 반지를 완성했다는 것이다.

전쟁의 승리를 기념하기 위한 반지에 새겨 넣은 '이 또한 지나가리라'는 말은 우선 전쟁에서의 승리가 영원한 것처럼 오만하지 말라는 뜻이다. 승리를 자랑하며 교만하지 말고 다음에 있을지 모르는 다른 전쟁에서도 승리하도록 만반의 준비를 하고, 더욱이 전쟁에 패할 경우라도 그 고통으로 인해 포기하거나 절망하지 말고 차기의 전쟁에서 다시는 패배하지 않고 승리하도록 철저하게 준비하라는 뜻을 담은 문구이다.

비록 전쟁이 아니더라도 세상사에는 성공과 실패에 직면하기 마련이다. 성공했다고 해서 그 성공이 영원하다는 보장은 없다. 그래서 성공에 따르는 영광과 기쁨이 영원한 것처럼 자만에 빠져 있지 말라는 것이며, 실패에 처했어도 포기하거나 절망은 금물이라는 뜻이다. 그렇다고 이 문구를 되풀이하여 노력은 하지 않고 자위로만 끝낸다면 위험한 태도라고 하겠다.

코로나로 인해 마스크 쓰기를 비롯하여 불편이 이만저만이 아니다. 매사에 일상을 빼앗기고 매일을 지내면서 하루라도 속히 이 시기가 지나가기를 열망한다. 여기에 대한 대답인 '이 또한 지나가리라'라는 문구는 큰 위로가 된다. 마스크를 벗어 던지고 하늘을 향하여 마음껏 숨 쉴 날을 고대하면서.

몸과 마음

미국 MIT에서 뇌 및 인지과학을 가르치고 있는 앨런 재서노프 교수는 저서, 『생물학적 마음』에서 다음과 같이 말하고 있다.

"몸과 마음은 하나입니다. 서로 긴밀히 연결되어 상호작용을 합니다. 화를 자주 내면 간이 상하고 간이 나빠지면 쉽게 욱하며 화를 잘 내게 됩니다, 등등. 그래서 몸의 장기를 잘 관리하는 것이 마음을 잘 다스리는 것이고 마음을 잘 다스리는 것이 몸을 건강하게 하는 일입니다."

운동경기를 할 때 선수들만 경기를 하도록 놔두지 않는다. 거기에는 응원단이 따르게 마련이다. 응원단의 열렬한 응원은 선수들이 좋은 경기에 임하도록 힘을 실어 준다. 선수들은 응원단의 힘찬 응원으로 자신이 가진 능력 이상으로 실력을 발휘할 수 있게 된다. 이것은 놀라운 정신력이 발휘되기 때문이리라.

　2020년 동경 올림픽이 코로나19 때문에 1년 연기되고, 올해에 개최되는 올림픽도 어쩔 수 없이 대부분 무관중 경기를 한다는 소식이다. 그 재미를 반감시키고 있다. 아쉬운 일이다. 더욱이 코로나의 감염률이 줄어들 기미를 보이지 않고 있으니 한편에서는 올림픽의 중단을 계속 요구하고, 일본 정부를 대표하는 스가 요시히데 총리의 인상이 죽을상이다.

　그런데 그런 대규모 응원은 아니라 해도 우리나라의 고등학교 양궁 국가대표선수의 '코리아 파이팅'이라는 기합은 이번에 처음으로 생긴 혼성 양궁에서 우리나라 선수단에 첫 금메달을 안기는 쾌거를 이룩하였다. 그 기세를 몰아 남자 단체전에서도 금메달을 획득하여 2관왕이 되었다. 전적으로 그 기합의 결과라고는 말하지 못하더라도 그 기합이 자신에게 뿐만 아니라 함께 경기를 하는 동료들에게도 영향을 끼쳐 좋은 결과를 얻는 데 크게 도움이 되었으리라 확신한다. 혼성 짝지 여자 궁사는 여자 단체전에 이어 여자 개인전에서도 금메달을 따고 3관왕이 되었다.

　프로 경기인 경우 관중들은 높은 관람료까지 지불하면서 경기장에 모여든다. 자신이 팬인 팀이 경기에 임할 때는 만사를 제쳐 두고 값비싼 관람료라 할지라도 상관하지 않고 경기장을 찾는다. 응원의 목소리가 하늘을 찌른다. 선수들도 응원의 목소리에 힘을 돋운다. 그래서 관중 없는 경기는 경기도 아니라고 해도 과언이 아니다.

　이와 같이, 경기하는 선수와 응원단과의 관계를 생각하면 되는 것이 있다. 그것은 의사가 환자를 치료할 때 일어나는 플라세보 효과라는 현상이다. 플라세보의 어원은 라틴어로 '즐겁게 하는' 뜻이라고 한다. 의사가 환자에게 치료하고자 하는 병과는 상관없는 물질을 처방하면서 '이 약을 먹으면 틀림없이 나을 것이다.'라고 하면 이 말을 굳게 믿은 환자가 그 물질을 복용하고 실제로 치료의 효과를 볼 때가 있는데, 이 현상을 '플라세보 효과'라고 한다. 이때 의사는 그야말로 환자에게 독도 되지 않고 득도 되지 않는 유분이나 우유, 증류수, 식염수 등과 같은, 약리적으로는 비활성적인 물질을 처방한다는 것이다.

운동장에서 경기하는 선수들에게 응원단의 응원으로 선수들의 경기력을 북돋우는 것이나, 환자에게 약리적으로 비활성적인 물질을 복용시키고 유익한 효과가 있을 것이라는 의사의 말이 정신적으로 격려가 되는 의미에서는 유사한 현상이 아닌가 생각한다.

2020년 초부터 시작된 코로나19 펜데믹이 좀처럼 잦아들 기미를 보이지 않고 있다. 금년 2021년 지금까지 더 확산될 조짐을 보이면서 국민들의 피로감이 이만저만이 아니다. 이런 피로를 해소할 만한 특별한 플라세보 효과는 없을까? 어떤 사람은 TV조선의 '미스터 트롯'의 프로그램이 그 한 가지가 아닐까 생각한다고 의견을 피력하기도 한다. 하지만 트로트를 좋아하지 않는 사람에게는 프로그램이 그 해답이 될 수가 없다. 실제로 플라세보 효과의 비율은 유감스럽게도 약 30%에 지나지 않는다고 한다.

플라세보의 효과를 판정하는데 지금까지 언급한 것처럼 의사는 알고 환자는 모르는 경우가 있는 반면에, 또 하나는 대상이 되는 의사와 환자의 양자가 공히 모르게 하는 경우가 있다. 서양에서는 의사와 환자가 동시에 플라세보 효과의 실험인 것을 모르게 하는 경우가 있는데, 신약의 치료 효과를 검정하는 데에 많이 사용한다고 한다.

정신력의 훈련을 위하여 고대 그리스의 도시국가 스파르타에서 시행한 교육관을 곁들인 교육 방법을 생각할 수 있다. 엄격하고 강도 높은 훈련을 통해 용감한 전사를 배출했는데, 이런 것을 보고 오늘에도 '스파르타 교육'이라는 말을 많이 사용한다. 건강한 몸과 마음을 위하여 스파르타 교육이 필요하다면 해야 할 것이다.

즐거운 테니스

　초·중·고 학생 시절 군 소재지에 위치한 고향 집 근처에 군청사가 있었다. 그 뜰에는 군 직원들이 업무 시간 후에 정구(庭球)를 하는 코트가 있었다. 나는 하교 시간 그 주변을 지날 때마다 정구를 하면서 즐거워하는 직원들의 모습을 간이 울타리에 기대서서 엿보곤 했었다. 나도 그 즐거움에 사로잡혀 해가 저물도록 집에 가는 일을 까맣게 잊곤 했다. 어머니께서 걱정이 되어 대문 밖에서 기다리게 한 일도 여러 번이었고, 때로는 일찍 다니라는 꾸지람을 듣기도 하였다.

　그러나 그때뿐이었다. 그들은 단식 경기도 하고 복식 경기도 했는데, 특별한 경우를 제외하고는 시간 안에 많은 사람이 참가하도록 복식 경기를 주로 하고 있었다. 이때 말랑말랑한 공을 라켓으로 칠 때 나는 소리와 공이 땅에 떨어져 튈 때의 소리가 듣기 좋아서 코트 주변을 떠나지 못했다. 정구는 그들의 즐거움이었고 하루 업무의 피로를 해소해 주는 휴식인 것 같았다. 정구를 할 때 점수를 따면 얼싸안고 즐거워하고 비록 점수를 잃는 경우라도 서로 등을 두드려 주며 격려하는 모습이 어린 마음에도 참 보기 좋았다. 앞으로 어른이 되고 형편이 허락하면 나도 정구를 취미로 갖기로 마음먹었다.

그 후 대학과 대학원 공부도 마치고, 남자로서의 국방 의무도 끝내고, 30대 중반쯤 대도시의 대학에 교수로 취직했는데, 드디어 기회가 왔다. 사범대학 체육교육학과의 테니스 전공 교수의 주관으로, 교수 테니스 동호회를 구성한다는 것이었다. 그런데 테니스 공은 정구의 연한 공이 아니었고 단단한 공을 사용했으며, 그에 따라 라켓도 약간은 달라 단단한 공을 치기에 적당히 탄탄한 라켓이었다.

새로 구성되는 테니스 동호회는 테니스 경험의 유무와 관계없이 가입할 수 있고, 새로 시작하는 회원에게는 적당한 시간의 레슨을 제공하고 했다. 어릴 적 고향 집 앞 군청 청사 뜰에서 정구를 치던 그 직원들을 생각하며 즐거운 마음으로 가입하고, 기쁜 마음으로 테니스 레슨에 임했다. 레슨이 보통이 아니었다. 라켓을 쥐었던 손바닥에 물집이 생기고 공을 치는 충격으로 팔뚝에는 근육통이 생기기도 했다. 공을 치느라 몸의 균형을 잡지 못해 넘어지기를 여러 번 하게 되어 다리는 상처투성이가 되기도 하였다. 그런 악조건인데도 레슨을 그만두거나 포기할 생각은 전혀 없었다. 그럴수록 더 열심히 테니스를 계속해 나갔다. 그 덕택인지 2인 1조가 되어 복식 경기도 하게 되고 테니스의 묘미를 느끼게 되었다. 경기가 정해진 날에는 아침부터 마음이 설렜고, 강의 등 일과를 마친 후에는 즉시 테니스 복장을 하고 테니스장으로 가게 되었다. 내가 나가면 벌써 나와 있는 교수도 많이 있었다. 그만큼 인기가 있는 스포츠이었다.

　대진표가 작성되면 각기 정해진 코트로 가서 경기를 하게 되는데, 많은 점수를 따서 이기게 되면 함께 기뻐하고 점수를 잃더라고 나름대로 격려를 해 주며, 끝까지 경기를 이어 갔다. 공을 치다 보면 일과의 피로가 싹 가시는 느낌이었다. 이것이 참된 휴식이 아닌가 생각했다. 육체가 튼튼해지는 것은 물론이요, 라켓을 오른손으로 쥐고 공을 치는 일을 계속하니까 자연히 오른팔의 근육이 더욱 강해졌다. 또한, 넘어오는 공이 내 앞에만 오는 것이 아니고, 떨어져서 날아오면 달려가서 받아넘겨야 하니까 자연적으로 다리의 근육이 튼튼해지고 몸 자체가 날렵해졌다.

　시간이 지날수록 회원이 많아져서 경기 일정을 조정할 필요가 생겼다. 월요일부터 금요일까지 각 회원이 경기가 가능한 날짜를 정해 놓고 코트에 나오도록 인원을 조정했다. 특히 금요일에는 60세에서 65세 정년퇴임하기 전까지의 회원과 정년퇴임을 한 회원들이 코트에 나와서 테니스를 하도록 하였다. 이를 '금요 테니스회'라 일컬었다. 약칭으로 '금테회'이다. 그래서 자연히 금요일이 오기를 기다리는 것이 습관이 되었다. 금요일 오후가 되어 테니스 코트에 나오면 회원들을 만나 볼 수 있고, 팀을 짜서 경기를 하면 하루의 피로는 물론 일주일의 피로가 싹 가시고 거기에 즐거움이 더하게 되니 일석이조가 아닐 수 없었다.

　대학에서 정년퇴임을 한 지 올해로 21년째이지만, 나도 여전히 '금테회' 회원이다. 높은 연령의 회원으로는 나를 포함해서 80대 후반 회원이 3명, 90대 초반 회원이 1명인데, 그중 한 회원은 다리에 힘이 빠져서 코트에 설 수 없게 되었고, 또 한 회원은 눈이 잘 보이지 않게 되어 '금테회'에서 탈퇴하였다. 최근에는 90대 회원이 "창립 후 지금까지 코트를 생활의 일부로 살아왔으나 이제 세월의 무게를 어쩔 수 없어 코트를 떠나야겠습니다. 그동안 도와주신 회원 여러분께 진심으로 감사드립니다. 즐거운 테니스를 하시기 바랍니다."라는 말로 탈퇴 의사를 밝혔다.

젊은 시절부터 테니스에 입문하여 공을 치면서 함께해온 세월이 많이도 흘렀다. 이젠 내 나이도 석양에 머물고 평생을 테니스와 함께 살아왔다고 해도 과언이 아니다. 나에게 무엇이 하고 싶냐고 물으면, 건강이 허락하는 날까지 테니스를 치고 싶다고 말하리라.

피란길

　한국전쟁 71주년을 보내면서 고향 집 근처 낙동강까지 쳐내려온 북한군과의 전쟁을 피하여 고향을 등지고 남부여대하여 피란길에 나섰던 일을 상상해 본 것이 2개월 전이었는데, 그 지긋지긋한 생각을 또다시 하게 만드는 일이 저 멀리 아프간에서 일어났다. 아프간의 이슬람 무장단체인 탈레반이 1차 집권기의 소원을 담아 절치부심 20년 만인 금년 8월에 수도 카불에 진격하여 예상 외로 빠른 점령에 성공한 것이었다. 이를 계기로 외국인뿐만 아니라 많은 아프간인까지도 아프간을 빠져나가려고 카불공항에 집결하는 바람에, 공항은 아수라장이 되었다. 그런데 아프간의 대통령은 이미 아프간을 빠져나가고 없었다. 만일 그대로 있었으면 더 많은 유혈 사태가 있을 수 있기 때문이라는 이유로 미리 탈출을 했다고 한다.

　70여 년 전, 한국전쟁이 발발하고 모두 잠을 못 이루는 밤이었다. 밤새도록 앞산 중턱에 떨어지는 박격포탄 소리 때문에 공포에 질려 있었다. 이미 피란 봇짐은 다 싸놓고 피란길을 떠나라는 당국의 명령만 기다리던 중이었다. 아직 전쟁이 없는 곳은 이웃 군청 소재지이었다. 높고 험한 재만 하나 넘으면 되는 곳이라 그나마 다행이었다. 아프간처럼 비행기를 타고 가는 것도 아니고, 그렇다고 자동차를 이용해서 가는 것이 아니었다. 소달구지가 있는 사람은 거기에 실을 만큼 짐을 싣고 사람도 타고, 그렇지 못한 사람은 그냥 피란 봇짐을 짊어지고 길을 따라가는 것이었다. 아무도 말이 없었다. 언제 돌아온다는 기약도 없이 모두 정든 고향 집, 고향 땅을 뒤로하고 묵묵히 걸었다. 해가 져서 더는 걷지 못하고 넘어야 할 재 아래 어느 냇가에 머물게 되었는데, 더 이상 함께 가지 못할 소를 잡아서 나누고 피곤한 피란길 첫 밤을 보냈다. 간밤에 들리던 고향 집에서의 박격포탄의 소리도 없었고, 피란길을 방해하는 어떤 것도 없었다. 그날따라 밤하늘의 별들은 더욱 빛났다. 냇가의 밤은 그렇게 시원할 수가 없었으며, 주위가 평화롭기 그지없었다.

그런데 아프간의 카불공항은 피란민들의 아수라장을 넘어서 IS가 터트린 자살폭탄테러 때문에 지옥과 같은 공항이 되어 버렸다는 소식이다. 정원을 훨씬 넘는 승객들을 억지로 태우는 비행기에 탔더라도 IS의 테러 이전에 출국한 승객들은 얼마나 다행인가. 그런데 일반 아프간인은 왜 자기 나라를 떠나려고 하는지, 일차 집권 시 탈레반이 보여 주었던 여성 탄압 정책 한 가지만을 보더라도 얼마든지 이해가 간다. 몇 가지 예를 들면, 여성의 전신을 가리는 부르카를 입지 않으면 외출할 수 없고, 그 외출도 남자와 함께라야 한다는 것으로, 탈레반이 집권한 후 이 부르카의 가격이 10배나 폭등했다. 텔레반 여성들은 남자처럼 교육도 제대로 받을 수 없고, 여성이 병에 걸려도 의료 혜택마저 받을 수 없어 죽기만을 기다려야 한다니, 여성의 삶이 너무나 안타깝다. 탈레반이 집권 후 정책을 발표하는 자리에서 여성의 인권을 보장하겠다고 했지만, 또 한쪽에서는 부르카를 입지 않았다는 이유로 총살을 당했다는 소식이 연달아 전해지고 있어서 놀라움을 금할 수가 없었다.

  70여 년 전의 피란길 첫 밤을 보낸 그 냇가에서 넘어야 할 재를 향하여 아침에 다시 피란길을 재촉했다. 노부모와 아이들과 함께 가파르고 험한 산길을 걷는다는 것이 여간 힘든 일이 아니었다. 해가 질 무렵, 산 중턱에 위치한 어느 초등학교에 도착했다. 오늘 밤은 여기서 지낸다고 했다. 강당에 짐을 풀고 딱딱한 강당 바닥에 피곤한 몸을 눕히고 곤히 잠을 자고 있는데, 한밤중에 온 강당에 긴장감이 감돌고 있다는 것이 감지되었다. 총을 든 몇 명의 북한군이 강당으로 들어왔다. 그리고 입술에 손가락을 대고 조용히 하라는 표시를 하면서 젊은이들을 끌고 가는 것이었다. 그때까지는 아무런 응답을 하지 않다가 북한군이 떠나고 난 뒤에야 아들을 빼앗긴 가족들의 통곡하는 소리가 산등성이에 울려 퍼졌다.
  날이 밝자 다시 짐을 꾸리고 가족을 잃은 가정을 위로하면서 재를 넘어 전쟁이 아직 미치지 않은 고장으로 이동하였다. 우리 가정은 다행히 한 신실한 기독교 가정을 만나 그 집의 헛간을 빌려 덕석을 깔고 거기서 숙식을 하며, 피란살이를 계속 이어 갔다. 식구들은 박격포탄 소리도 없는 고장에서 각자 할 일을 찾아 나섰다. 근처 야산에 가서 화목을 구해오기도 하고, 식생활에 도움이 되는 산나물을 모아 오기도 하였다. 어머니는 산골 동네 사람들에게 필수품인 물건을 이웃 읍에 나가서 수집해다가 팔면서 생계를 위해 애를 쓰셨다.

그렇게 피란살이를 하고 있는데, 인천상륙작전이 성공하였다는 뉴스가 울러 퍼졌다. 피란길의 종점에서 고향으로 귀환하라는 명령에 따라 봇짐을 챙기고 고향으로 발걸음을 옮겼다. 들녘에는 추수의 시기를 놓친 곡식들이 바람에 흔들리고 있었다. 미처 수습하지 못한 북한 군인들의 시신이 여기저기 널브러져 있었다. 집으로 돌아와 보니 모든 것이 어수선하였지만, 시간이 지나갈수록 생활이 안정되어 평상을 되찾아 갔다.

카불공항에서는 한국대사관, 한국국제협력재단, 바그람 한국병원 등에서 일한 아프간인들과 그 가족들 약 400여 명을 군수 송기를 이용하여 한국에 무사히 안착시켰다는 소식이다. 바그람 한국병원은 탈레반이 이미 폭파했고 거기에서 일한 사람들은 틀림없이 처형되리라는 것이었다. 이들의 피란길이 평탄하고 빨리 끝나기를 기도할 뿐이다.

섬김과 봉사의 보람

 한·중 국교가 정상화되기 이전, 지금부터 24년 전에 미국 국적의 한 한국인이 중국 동북 지역, 연변에 연변과학기술대학(연변과기대, YUST)을 개교하였다. 낙후된 연변 지역 우리 동포인 조선족의 고등교육을 위하여 헌신하면서 세계의 시선을 끌었다. 공산주의 중국에 세워지기 어려울 것 같은, 약간은 신기하고 독특한 연변과기대에 한국은 물론, 미국을 비롯한 서구의 여러 나라에서 관심을 두고 건학 이념에 동조하는 교수들이 자천 타천으로 많이 몰려들었다. 그렇다고 이들에게 푸짐한 보수를 약속한 것도 아니다. 전적으로 봉사와 섬김의 자비량(自備糧) 헌신이었다.
 아내와 함께 연변과기대의 부름을 받고 그곳에 간 지 10년째가 되었다. 한국에서 정년퇴임을 하고 중국으로 갔으니까, 중국의 정년을 훨씬 넘긴 연령임에도 중국 정부의 배려로 지금까지 있었으니, 그 배려에 감사할 따름이다. 그런데 올해 들어 더 이상 교수직을 수행하지 못하게 되었다. 현 국가 최고지도자가 취임 시부터 주창해 온 것이 법치주의인데, 정치 경제 사회 등 각 분야에서 준법 정신을 강조하고 실행에 옮기고 있다. 그래서 위법을 한 인사들이 응분의 조치를 당하고 있다는 내용이 매스컴을 장식했다. 연변과기대에서도 예외 없이 정년 초과 교수들에 대한 배려를 거둘 수밖에 없게 되었다. 아쉽게도 상당수의 교수들이 연변과기대를 떠나야만 했다. 무보수로 봉사를 한 것이라고 해도 강산이 한 번 변한다는 세월 앞에 마음의 아쉬움과 서러움이 차마 발걸음을 옮기지 못하고 머뭇거리게 했다.

초창기의 역경과 고난을 함께 나누었던 동역자들을 어떻게 두고 떠날 것인가? 그동안에 쌓인 정을 어떻게 하고 떠날지, 방도가 생각 나지 않는다. 더욱이 학생들을 얼마나 사랑하고 지도했는데…. 이들과 이별을 해야 한다니 자식을 떠나는 심정으로 땅을 치고 통곡하고 싶은 심정이었다. 지도 학생들은 학년별로 3, 4명씩 배당이 되어 졸업 때까지, 아니 졸업 후에도 한 가족처럼 끈끈한 관계를 맺고 지내는 사이인데 이런 학생들과 헤어지다니, 생각도 못 한 일이었다. 그러나 법을 지키고 법대로 살아보겠다는 중국의 몸부림 앞에 무어라 할 말이 있겠는가. 눈물을 머금고 동역자들과 학생들, 연변과기대를 뒤로할 수밖에 없었다.

다행히 올여름 학기에는 강의를 하도록 초청을 받았기에 다소나마 그 진한 아쉬움이 희석이 되었다. 여름 학기 한 달 동안 집중 강의를 하여 한 학기의 강의를 다 하게 되는데, 그렇게 되면 이번 한 학기를 커버하게 되어 명실공히 만 십 년 동안 연변과기대를 섬기고 봉사하게 되는 셈이 된다.

연변과기대에서는 수학이 절대적으로 필요한 전자통신공학과에 소속이 되어 수학을 가르치게 되었다. 한 학기가 지난 후 학생들의 반응이 궁금했다. 어떤 학생은 '교수님에게서 수학을 배워서 행복했다.'라고 하면서 자랑스러워하고, 또 다른 한 학생은 '수학이 이렇게 재미있는 과목일 줄은 몰랐다.'라고 말하기도 하였다.

그런데 또 다른 반응이 전해졌다. 작년에 '크리스마스 축하 음악 콘서트'를 개최하였는데, 합창, 중창, 기악 연주 등, 다양한 프로그램이 있었다. 한 음악교수는 자기 교양 음악 과목을 수강하는 학생들에게 이번 콘서트에 참가하고 음악회 감상문을 작성하여 제출하게 했다.

'학생이 본 2015년 크리스마스 음악 콘서트'라는 한 학생의 음악회 감상문을 음악 교수가 읽고 자신의 의견을 덧붙여 다음과 같이 보내왔다.

【음악 교수의 의견】

존경하는 하기식 교수님!

"교수님, 안녕하십니까? 저의 지난 수업 학생들을 이번 음악회를 보고 느낀 점을 써오라고 했습니다. 교수님이 그동안 어떻게 지내오셨는지, 이 감상문을 읽어보시면 그 노고와 섬김을 저희 후배들은 잘 알 수 있을 것 같습니다. 언제나 존경하며 사랑합니다. 감사합니다."

【학생의 음악회 감상문】

이번 주 금요일 간호동 강당에서 음악회를 보았습니다. 음악회에서 좋은 음악과 악기 연주를 보게 되어 참 좋았습니다. 학생들과 교수님들의 무대가 자연스럽게 이어져가는 것이 너무나 좋았습니다. 관객 그리고 참가자로서 과기대에서 가장 편하게 진행했던 행사가 아니었던가 싶습니다. 저도 오월 축제나 각종 학교 활동에 참가해 보았지만, 그냥 춤 연습이고 사람들에게 아무런 감동도 주지 못하는 주제가 없는 활동이었습니다. 그런데 이번의 음악회 주제가 '기억(Memory)'이지요.

이 음악회를 통해 제가 과기대에서 살아왔던 기억들이 떠올랐습니다. 제가 처음으로 과기대에 왔을 때 만난 한 교수님이 이런 말씀을 하셨습니다. "과기대는 공부를 가르치는 곳이기도 하지만 더 중요한 건 사람을 만드는 곳입니다."라고. 말씀하셨습니다.

지금 와보니 참 맞는 말씀이신 것 같습니다.

음악회 중 제일 인상 깊었던 무대는 교수님들의 남성 중창의 '날 세우시네(you raise me up)'이었습니다. 왜냐면 통신학과의 하기식 교수님을 보았기 때문입니다. 교수님은 다음 학기부터 과기대에서 과목을 가르치지 못하게 됩니다. 이전에 교수님이 해 주신 말씀 들을 생각해 보니 눈물이 나더군요.

과기대는 계속 변해가고 있습니다. 좋은 방면도 있고 나쁜 방면도 있죠. 학교의 시설, 건물, 그리고 과기대의 처지 등으로 인하여 과기대에 대해서 실망할 때가 참 많았죠. 하지만 저의 바람은 과기대가 점점 좋아져서 더 많은 인재들을 키울 수 있었으면 좋겠습니다. 저도 훌륭한 인재가 되어 과기대에 저의 자그마한 도움을 드리겠습니다.

love YUST가 기억에 남는다.

느지막에 익힌 첼로 연주 실력이지만, 교회 앙상블의 연주, 손녀와 아들과의 삼중주, 연변과기대 오케스트라의 연주로 진한 감동과 함께 행복했으며 다시없는 기회이었다.

착한 사마리아인 법

 '김영란 법'처럼 사람의 이름을 따온 것은 아니지만, 지역인의 이름을 붙인 '착한 사마리아인 법'이라는 것이 있다. 한 공영방송국에서 고등학생들의 퀴즈프로그램에 출제할 만큼 국민의 관심이 대단한 법이다. 그 퀴즈프로그램에서 정답이 '착한 사마리아인 법'인 문제가 출제되었다. 그런데 정확하게 답을 맞힌 학생도 있었지만, '선한 사마리아인 법'이라고 답한 학생은 탈락이 되었다. '선한'이나 '착한'이나 같은 뜻의 말인데, 둘 다 정답이라고 하지 않은 것이 아쉬움으로 남았다. 보통은 '선한 사마리아인'이라고 하는데….

 착한 사마리아인 법은 '이웃이 누구냐'라는 물음에 '자비를 베푼자이다.'라는 내용의 비유로 성경이 답한 것에서 비롯되었다. 한 유대인이 예루살렘에서 여리고로 가다가 강도를 만나 옷까지 벗기게 되고 폭행을 당하여 거의 죽게 되었지만, 강도는 그를 그대로 버려두고 가버렸다. 마침 한 제사장이 그 길을 가다가 강도 만난 자를 보고도 피하여 지나가고, 또 한 레위인도 그와 같이 그를 보고 피하여 지나갔다. 그런데 한 사마리아인은 여행 중에 그를 발견하고 불쌍히 여겨 소유하고 있던 약품으로 기초적인 치료를 하고 여관으로 데리고 가서 돌보아 주었다. 이튿날 치료비가 더 들면 돌아올 때 지불하겠다고 약속하고 떠났다. 이 사마리아인을 착한 사마리아인 또는 선한 사마리아인이라고 한다. 이 착한 사마리아인이 강도 만난 자의 이웃이라는 것이다.

　예루살렘에서 여리고까지의 거리는 약 80킬로쯤 되며, 길이 험하고 인기척이 드문 곳으로 강도가 가끔 출현하는 곳이었다. 제사장은 성전에서 제사를 책임지고 있으며, 레위인은 성전에서 섬기는 일을 담당하는 사람으로, 누구보다도 위험에 놓인 사람 특히 거의 죽게 된 사람을 돕고 위로하며 사랑해야 할 위치에 있는 사람들인데 그 책임을 망각하고 피하여 지나갔다. 그러나 유대인이 상종해 주지도 않았던 사마리아인은 강도를 만나 거의 죽게 된 유대인에게 자비를 베풀었다.

　솔로몬 통일 왕국이 북 왕국 이스라엘과 남 왕국 유대로 분단되었는데, BC 722년에 북 왕국 이스라엘이 신생 강대국 앗시리아의 침입을 받아 망하고 사마리아 지방에 이민족이 유입되었고, 그로 인해서 결국 유대인의 순수 혈통을 상실하게 되었다. 앗시리아 이후 BC 586년에 바벨로니아가 남 왕국 유다를 침공하여 많은 유대인을 포로로 잡아갔으나, 그런 열악한 환경에서도 그들은 혈통의 순수성을 지켜

왔었다. 이런 유대인들이 순수혈통을 잃어버린 사마리아인을 상종하기를 끄려 했던 것은 어쩌면 당연한 일이었는지도 모른다.

이 비유에서는 위험에 처해 있는 사람이 사마리아인과 상종도 하지 않는 유대인임에도 불구하고, 사마리아인은 성의를 다하여 그 유대인을 구조해 주었다. 그러나 위험에 처해 있는 사람을 언제든지 구조해 주어야 할 만한 위치에 있는 제사장과 레위인은 그들의 책임을 망각하고 그를 피해 지나갔다. 이런 도덕성이 결여된 방관자적인 제사장과 레위인과 같은 사람에 대해서 법적인 제재를 가하자는 것이 착한 사마리아인 법이다.

프랑스, 미국 등 여러 나라가 이 법을 시행하고 있으며, 프랑스의 경우 형법 제63조 2항에서 '위험에 처해 있는 사람을 구조해 주어도 자기가 위험에 빠지지 않음에도 불구하고, 자의로 구조해 주지 않은 자는 3개월 이상 5년 이하의 징역, 혹은 360프랑 이상 15,000프랑 이하의 벌금에 처한다.'라고 규정하고 있다고 한다.

우리나라에서도 착한 사마리아인 법을 제정할 움직임이 있는 것은 대단히 고무적이다. 그 초안은 형법 275조에 '사고, 공공위험 그 밖의 긴급한 사정으로 인하여 구조를 원하는 자에 대해 현저한 위험 또는 중요한 의무의 위반이 없이도 가능한 구조를 제공하지 아니한 자는 1년 이하의 징역 또는 300만 원 이하의 벌금형에 처한다.'와 같은 내용으로, 위험에 처한 자의 구조 불이행 조항을 신설하는 일부 개정법률안이다.

착한 사마리아인 법의 법제화에 찬반양론이 있을 수 있다. 찬성론자들은 도덕성을 지닌 인간인 이상 당연히 위험에 처한 사람을 구조해 주어야 한다고 하겠고, 그렇지 못할 경우는 마땅히 응분의 대가를 치르게 하는 것이 당연하다 하겠다. 한 걸음 더 나아가서 도덕성이 낮은 사람이라도 더욱 차원 높은 도덕성을 갖게 하기 위해서는 약간의 강제성이 필요하다고 할 것이다. 반면에 반대론자들은 도덕과 법은 차원이 다른데 도덕적인 부분을 법으로 강제할 성질의 것이 아니라고 본다. 위험에 처한 사람에 대한 구조의 여부는 각자 자유 민주시민의 재량권에 일임할 문제이지 법으로 제재할 문제는 아니라는 점이다.

  도덕성이 강한 사람은 법의 유무와 관계없이 위험에 처한 사람을 구조해야 한다. 도덕성이 약한 사람이나 남의 일에 무관심한 사람이라 해도 이웃의 위험을 방관하지 않고, 구조의 손길을 펴도록 계몽적인 차원에서라도 착한 사마리아인 법이 필요하지 않을까 생각한다.

하나님의 비전

"오직 성령이 너희에게 임하시면 너희가 권능을 받고 예루살렘과 온 유대와 사마리아와 땅끝까지 이르러 내 증인이 되리라 하시니라."는 세계복음화에 대한 하나님의 비전이다. 하나님이 이 비전을 실현하기 위하여 증인 즉 사람을 쓰신다. 하나님의 비전을 자신의 비전으로 삼는 사람이 이 일에 쓰임을 받을 것이다.

다메섹 도상에서 주님의 부르심을 받고 이방의 사도가 된 바울은 하나님의 비전을 자신의 비전으로 삼아 그 실현에 최선을 다했다. 바울은 제1차 전도 여행에서 지금의 터키인 소아시아 지역에서 복음을 전하고 교회를 세웠으며, 제2 차전도 여행에서는 제1차 전도 여행에서 복음을 전한 현장과 교회를 찾아 격려하고, 특히 수리아와 길리기아의 교회들을 돌아보고 소아시아로 향했다. 그런데 성령이 아시아에서 말씀을 전하지 못하게 하므로, 소아시아 중부의 브루기아와 갈

라디아를 거쳐서 소아시아의 서북부 지역에 위치한 무시아 앞에 이르렀다. 여기서 특히 바울은 동쪽으로 소아시아의 비두니아 지방으로 가고자 했다. 이때도 예수의 영이 허락지 아니했다. 여기 비두니아는 소아시아 북부의 고산 지역으로 흑해 남쪽에 위치해 있으며, 아시아로 가는 교통의 요충지였다. 그래서 무시아에서 서쪽으로 지중해 연안의 도시인 드로아로 내려갔다. 그런데 바울이 밤에 환상을 보았는데, 마게도니아 사람이 간청하기를 마게도니아로 건너와서 우리를 도우라는 것이었다. 바울은 하나님이 마게도니아에서 복음을 전하라는 부르심인 줄 알고 그 이튿날 드로아에서 에게해를 건너 마게도니아 지역의 첫 성인 빌립보에 이르러 복음을 전했다. 계속하여 데살로니가와 아덴에서 전도하고, 고린도에서 전도하고, 에베소에서 전도했다. 이 때문에 주의 말씀이 힘이 있어 흥왕하여 세력을 얻게 되었다.

이어서 바울은 마게도니아와 아가야를 거쳐 예루살렘에 가기로 작정하고 "내가 거기 갔다가 후에 로마도 보아야 하리라"고 했다. 로마는 바울의 비전이었다. 하나님의 비전에서의 땅끝은 바울에게서는 로마이었다. '모든 길은 로마로 통한다'는 말처럼 당시 로마는 정치 경제 종교 문화 등 모든 것의 세계의 중심지이었다. 바울은 로마를 통하여 하나님의 비전을 실현하려고 했다. 로마는 바울의 비전이자 하나님의 비전이다.

비록 개선장군처럼 화려한 로마 입성은 아니라 해도 바울은 그리스도를 위하여 죄수의 신분으로, 로마에 입성하여 거기서 복음을 전하다가 순교했다. 로마에 있는 바울 기념교회에는 제단이 3개가 있다. 바울은 참수형으로 순교했는데, 그때 머리가 바닥에 떨어져 3번 튀었다. 그 튄 자리마다 제단을 만들었다는 것이다.

바울이 순교하면서까지 전한 복음은 로마를 정복하였고, 313년 콘스탄티누스 황제의 밀라노 칙령으로 기독교가 공인되었으며, 380년 테오도시우스 황제에 의해서 기독교가 로마제국의 국교가 되었다. 이로써 땅끝까지 이르러 내 증인이 되리라는 세계 복음화에 대한 하나님의 비전을 실현할 수 있는 발판을 마련했다.

바울이 전한 복음이 전 유럽으로 전파되었다. 기독교가 로마의 국교가 된 지 1,240여 년이 지난 1620년에 신앙의 자유를 찾아 101명의 영국 청교도들이 대서양을 건너가는 메이플라워호와 함께 복음이 미주 대륙에 상륙하여 확산되어 갔다. 이어 복음이 19세기에 미국을 위시한 서양 선교사들의 손에 들려 주로 태평양을 건너서 극동 3국인 중국 한국 일본에 전파되었다.

중국의 경우, 1807년 영국의 모리슨 선교사가 처음으로 중국에 상륙했으며, 모리슨 선교사의 요청으로 1830년에 미국인 브리즈먼 선교사가 최초로 파송되었다. 1834년 미국의 파커 선교사는 안과 의사로 중국 최초의 의료 선교사로 파송되어 의료를 통한 선교와 자선활동을 전개했다.

한편, 중국의 기독교 지도자들은 서양 선교사들로부터 복음을 전해 받고 복음의 빚진 자로 자처하면서 어떻게 사명을 감당할지를 1920년대로부터 약 20년간 논의했다. 그 결과 서양 선교사로부터 전해 받은 복음을 중국 서부 지역의 서장성, 신강성 등의 이스람 지역과 이와 인접한 아프가니스탄, 이란, 아라비아, 이라크, 시리아, 심지어는 팔레스타인 등의 이슬람 국가를 넘어 예루살렘까지 복음을 확산시키는 것은 당연히 중국의 몫이라는 인식과 함께, 사명감과 열정에 불타 있었다. 서양 선교사들은 이 복음의 확산 운동을 '백투 예루살렘 운동'이라 불렀다. 그러나 1949년 공산정권 수립, 1966년부터 10년간 기독교와 기독교 지도자들에 대한 탄압과 투옥으로 점철된 중국의 문화혁명으로 중국의 복음화와 백투 예루살렘 운동은 답보상태에 놓여 있게 되었다. 그러나 1980년대 이후, 등소평이 실권을 잡고 개혁 개방 정책을 펴면서 기독교와 그 지도자들에 대한 제재가 풀리고 투옥된 지도자들이 출옥하므로 4, 50년 전의 '백투 예루살렘 운동'이 다시 불붙기 시작했다.

  2002년 초에 북경에서는 기독교 지도자들의 한 모임이 있었다. 나중에 '북경 포럼'이라고 했는데, 중국, 미국, 한국의 기독교 지도자들과 중국의 삼자교회와 가정교회의 지도자들이 함께 모인 자리였다. 이 자리에서 중국의 지도자들은 최초의 선교사가 파송되고 200년째가 되는 2007년을 시작으로, 10만 명의 중국인 선교사를 양성하여 중국의 서부 이슬람 지역과 인접한 이슬람 국가에 투입하여 백투 예루살렘 운동에 헌신하도록 했다.

  쓰임 받는 사람들로 인하여 하나님의 비전이 실현된 날이 멀지 않았으며, 마지막 정점을 향하여 가쁜 숨을 토해 내면서 내달리고 있다.

연초에 제자들로부터 전화가 왔다. 10년 전에 '고희축하 출판기념회'가 기억난다면서 '팔순기념 심포지엄'을 개최하겠다고 했다. 여름방학에는 국제학술회의에 참가하는 일과 연말에는 예정된 국제학술회의를 개최하는 일들이 있어서 이번 겨울방학이 적기란다. 생일이 12월에 있고 보면 너무 빠른 감도 있어 약간 당황도 했으나, 그들의 지도교수에 대한 마음 씀씀이가 기특해서 그들의 뜻에 따르기로 했다.

석사지도 학생 출신과 박사지도 학생 출신 등, 직속 제자들만 초청하여 조촐한 심포지엄을 갖는다고 한다. 그중에는 석사과정이나 박사과정 1학기를 마치고 바로 외국 유학의 길에 오른 사람이 있는가 하면, 박사과정을 수료하고 외국 유학을 떠난 사람도 있다. 석사를 마치고 유학 가는 것이 보통이다. 나와 함께 부산대학교에서 공부하여 박사학위를 취득하기도 하고, 미국 대학에 유학하여 거기서 박사학위를 취득하여 대부분 국내대학에서 봉직하고 있는 교수들이다.

국제 수준의 논문을 발표하고 열띤 토론과 질의응답으로 심포지엄의 분위기가 무르익어 갔다. 가끔 재학시절 나와 얽힌 추억이 담긴 이야기를 곁들였을 때는 지난날로 돌아간 듯이 분위기가 흐뭇했다. 아내와 아들도 참가한 심포지엄 만찬회는 화기애애한 가운데 진행이 되었으며, 10년 후에 또 이런 심포지엄을 갖자는 의미 있는 말로 오늘의 심포지엄을 마감했다.

- 특별한 심포지엄

2부
갑절의 축복

어머니는 5남매 중
우리 세 형제를 지칭하여 입버릇처럼
"너희들은 삼태성이다.
하늘을 나는 삼태성이다."
라고, 늘 말씀하시면서 꿈을 키워 주었다.
우리 5남매를 보면 가운데
세 형제가 있고,
상하로 두 자매의 보호를 받으면서,
밤하늘의 광활한 창공을 운행하는
삼태성을 연상하게 한다.

갑절의 축복

　전역 후의 새로운 직장은 미국인 교장을 비롯한 한미 교사들이 함께하는 또 다른 세계의 중고등학교이었다. 미국인들과 영어를 자주 접하게 되는 아주 특별한 직장이어서 생활의 별다른 재미가 있었다. 수학 교사로서 수학은 물론 더욱이 독일어 교사가 사직하는 바람에 고1의 독일어 강의도 맡았다. 대학에서 제2외국어로 독일어를 한 것이 도움이 되었다. 그러면서도 대학 시절의 꿈을 놓치지 아니했다. 직장에 최선을 다하면서 대학원에 입학하기 위하여 모교를 찾았다. 학부 때의 한 교수가 "나이 많은 사람이 공부는 무엇 하려고 하나?" 하고 농담 반 진담 반으로 말했지만, 솟아오르는 학구열에 대한 꿈은 어찌할 수 없었다. 무난히 대학원에 입학하고, 내가 군에 입대할 때 미국 유학길에 오른 김정수 교수는 내가 전역 때쯤 미국에서 박사학위를 취득하고 귀국하였다.

김정수 교수를 지도교수로 정하고 석사과정의 생활이 시작되었다. 그때 교수 중에는 석사학위 소지자조차도 드물었다. 대학원 석사 공부가 어려운 것이었지만 할 만했다. 정규 강의 과목 공부도 보람이 있었지만, 각급 교수들과 조교들이 함께 갖는 윤독회에 참가하여 새롭고 깊은 학문의 세계에 접할 수 있게 되어서 더욱 좋았다.

지도교수가 기초를 튼튼하게 하라고 소개한 책이 영어 해적판인 와이더(Widder)의 『고등미적분학(Advanced Calculus)』이었다. 그 당시만 해도 그런 원서로 된 전공 서적이 해적판으로 시중에 많이 나돌았다. 지금으로 말하면 지적 소유권 침해인 셈이다. 지금도 그 책을 보유하고 있지만, 현재의 기준으로 보면 대학 2학년 정도의 해석학 책이어서 금석지감을 금할 수가 없다.

1964년 2월에 석사학위를 취득하고, 박사학위 과정이 없었던 당시로서는 대학 시간강사의 자리를 확보하는 것이 우선 과제이었다.

그해 3월에 새로운 미션스쿨인 브니엘 중·고등학교로 직장을 옮겼다. 그곳에서 교사, 학생주임, 교감을 거치면서 물리학 해석학 논증기하학을 가르치고, 교장을 도와 학교 행정에도 관여하여 학생들을 헌신 봉사의 기독교 정신에 입각한 참된 실력자로, 신앙인으로 교육하는데 혼신을 다하였다. 그때의 졸업생 중에는 목사, 교수, 검사, 외교관, 사업가, 장관 등 다양한 직업으로 각계각층에서 빛을 발하고 있는 제자들이 많다.

특이한 것은 교훈이라는 것이 어느 사회단체의 선서문처럼 몇 개의 항목으로 구성되어 있었다. 나는 그 교훈의 첫 구절을 좋아했다.

"나는 하나님과 사람과 자연을 사랑하련다."라는 것이다. 경천애인 (敬天愛人)처럼 하늘과 사람을 사랑하는 것은 흔히 말하는 것이지만, 지금부터 50여 년 전에 '자연을 사랑하려는 사람'을 양성할 것을 교육 목표로 삼은 것은 지금과 같이 환경 파괴가 극심하여 인류의 생존까지 위협하고 있는 현실을 감안한다면 선견지명(先見之明)의 예언자적 사명감에서 우러나온 교훈이 아닌가 하여 감탄을 금할 수 없었다.

1966학년도 첫 학기에 대학 교단에 첫걸음을 내딛게 되었다. 부산대학교 수학과에 시간강사가 된 것이다. 2학년의 해석기하학을 강의하게 되었으며, 교재로는 저명한 기하학자 아이젠하르트(Eisenhart) 교수의 저서 『해석기하학(Analytic Geometry)』을 교재로 하였으며, 1학년의 교양 수학 강의도 하였다. 첫 강의를 마치고 나온 기분은 하늘을 날 것만 같았다. 마치 교수라도 다 된 것 같았다. 앞으로 전개될 찬란한 미래에 가슴이 벅차올랐다. 용기백배하였다. 거기에다가 같은 직장에서 국사를 가르치던 먼 친척뻘 되는 누이동생 여교사의 친구를 소개받아 결혼하는 축복도 누렸다. 어려운 여건 중 결혼이 성사되어서 더욱 축복이었다. 그 이듬해인 1967년 첫 학기 중반에 대학의 전임강사로 발령을 받아 교수의 첫발을 내디디게 되었고, 그해 여름에는 첫아들을 얻어 아버지가 되니, 이래저래 경사가 겹쳐서 갑절의 축복을 받은 한해이었다.

전임강사로 대학에서 강의를 하게 되었다고 해서 마냥 기뻐하고만 있을 형편이 아니었다. 석사학위를 가지고 있다고는 하지만 지금의 실력으로는 강의실에 들어가는 것이 양심에 가책이 되기 시작했다.

나약한 마음이라고 생각될지 모르지만, 강의실에 들어가는 것이 두려워졌다. 그것도 하루 이틀이지 앞으로 적어도 30여 년 이상을 대학에서 가르쳐야 하는데, 이대로는 교수 생활을 계속할 수 없을 것이라는 생각이 들었다. 그렇다고 어렵게 얻은 대학의 전임강사 자리를 쉽게 포기할 수 없는 일이었다. 실력 향상을 위해서 공부를 더 해야 한다고 생각했다. 그러나 한국전쟁과 군사혁명을 겪은 한국의 대학들은 대동소이하여서 국내 대학에서 공부를 더 한다는 것은 별 의미가 없다고 생각했다. 그래서 생각해 낸 것이 외국 유학이었다. 가족 부양의 책임을 고려한다거나 재정적 문제를 생각할 여유를 갖지 못했다.

당시 유학의 길에 오르는데 성공한 몇몇 교수들처럼 먼저 미국 유학을 선택하고 기다리던 내게 미국 유학의 길이 좀처럼 열리지 않았다. 그런데 '뜻이 있는 곳에 길이 있다.'라는 말을 이루기라도 하듯, 미국 유학 대신 일본 유학의 길이 생기게 되었다. 1968년 가을에 일본 정부(文部省)가 초청하는 곳에 응모하였고, 소정의 절차에 따라 일본대사관과 우리 교육부에서의 선발시험에 합격하였다. 일본대사관에서 출제한 시험문제 중에서 '暮( )らす'의 ( )을 메꾸지 못했던 것이 지금도 아쉬움으로 남는다. '暮(く)らす'이었는데…. 그 이듬해 곧 태어날 둘째 아이를 뒤로한 채, 일본 유학의 길을 떠났다.

일본 규슈대학에서 생애 처음으로 겪는 외국 유학 생활은 만만한 것이 아니었다. 언어 문제는 말할 것도 없고 심한 학문의 격차와 더욱이 일본과의 민족 감정 문제가 유학 생활을 더욱 힘들게 했다. 그러나 지도교수의 자상한 지도와 같은 연구실 연구원들의 배려로 난

관을 극복하고, 연구 분야를 '비선형해석학'으로 정하여 연구에 매진하였다. 대학 근처에 숙소를 정했지만 잠만 자는 곳일 뿐, 일과를 대학 연구실에서 보냈다. 그 결과 학문에 대한 어느 정도의 새로운 눈높이를 정립하게 되었다.

  일제 강점기 때 부산중학교를 졸업했다는 한 일본인 전자 제품 상인의 배려로 가전제품 일체를 장만하고 대금은 일본을 떠나기 전까지 지불하면 된다는 특혜를 입었다. 특히 새로 마련한 텔레비전으로 아폴로 우주선의 달 착륙의 역사적인 현장을 밤새 시청하였으며, 당시 훤칠한 키에 미니스커트를 입은 가수 패티 김이 일본 방송국 스튜디오 안을 압도하면서 부르던 「사랑하는 마리아」의 노래는 외국 나그네의 마음을 조국으로 향하게 했다. 한국의 석사학위가 있는데도 불구하고 다시 석사학위 과정에 적을 두어야 한다던 지도교수의 강력한 권유로 『비선형해석학』으로 석사학위를 취득하고 2년 후 귀국했다. 수영 공항에서 둘째 아들과 처음으로 대면하는 극적인 장면도 연출했다. 아내도 남편 없이 두 아들을 키우면서 그 기간을 이용하여 동아대학교에서 교육학 석사학위를 취득하는 열정을 보이기도 하였다.

나의 뿌리

경남 진양(晉陽), 지금의 진주(晉州)를 본관(本貫)으로 하는 하(河) 씨는 삼한 시대부터 있었던 것으로 알려졌지만, 오랜 세월 탓에 자료가 남아 있지 않으며, 세계(世系)가 불분명하고 계통(系統)이 뚜렷하지 않아서 그 연원(淵源)을 알 길이 없다고 한다. 그러나 후에 세 분의 중시조에 따라 3파로 세계를 이어가고 있으니, 시랑공파(侍郞公派)와 사직공파(司直公派) 및 단계공파(丹溪公派)가 그것이다.

시랑공파는 고려 현종 때 시랑의 벼슬을 한 하공진(河拱辰)을 시조로 하고 있으며, 11세손 문충공(文忠公) 河崙(하륜)은 고려 태종 때 영의정을 지냈고 조선의 개국공신이기도 하다. 사직공파는 고려 정종과 문종 대에 걸쳐 사직에 오른 하진(河珍)이 시조이며, 12세손 문효공(文孝公) 하연(河演)은 조선 세종 때 영의정에 오른 분이다. 그리고 단계공파는 고려의 주부(注簿)를 지낸 하성(河成)을 시조로 하고, 8세손 하위지(河緯地)는 조선 단종 때 사육신의 한 사람이었으며, 단계공파의 단계는 하위지의 호이다.

　진양 하씨는 진주 창녕 청도 등지에 집성촌을 이루면서 전국에 편만해 있으며, 어느 종문(宗門)에 못지않게 뼈대 있는 명문의 종문으로 후손들은 자부심을 가져도 좋을 것이다.

　사직공파의 경우, 1451년 조선의 명상인 문효공 하연이 족보를 창시한 이래 약 530년 만인 1984년에 편모한 사직공파의 대동보에 의하면, 시조 하진으로부터 9세손 원정공(元正公) 하즙(河楫)까지는 한 분씩의 후손만을 두었고, 10세손 고헌공(苦軒公) 하윤원(河允源)에 이르러야 세 분의 후손으로 대를 이어갔다. 따라서 사직공파의 자손은 모두 11세손인 봉산군(鳳山君) 하유종(河有宗)과 목옹공(木翁公) 하자종(河自宗) 그리고 군사공(郡事公) 하계종(河啓宗)의 후예이다.

　유소년 시절 뇌리에 각인된 기억에 의하면, 사직공파의 29세손 하정호(河正浩) 할아버지는 나의 안태본(安胎本)인 창녕군 대지면 왕산리[旺山里, 왕미(뫼)]에서 대지주이셨다. 집 뒤에는 푸른 산이 병풍처럼 쳐져 있고, 집 앞의 들에는 하천이 굽이굽이 돌아 흘러가고 그 주위 넓은 평야에는 철 따라 보리 물결, 벼 물결이 넘실거렸다. 대문을 들어서면 오른편에는 담을 끼고 감나무 여러 그루가 그 키를 자랑하고 꼭대기 가지 끝에 외롭게 매달린 까치밥이 홍시가 되어 까치들의 간식이 되었다. 대문 왼쪽에는 문간방이 있어 머슴들이 기거했으며, 문간방 옆 축사에서는 황소가 가끔 졸음 섞인 울음을 울며 그 앞에서는 소의 여물 삶는 불길이 요란하고 그 냄새가 코를 찔렀다. 넓은 마당에는 닭들이 모이를 찾아 이리저리 돌아다니고 개들이 낮잠을 즐긴다. 한쪽 편에는 곡식을 담아두는 대형 뒤주가 있어, 보리와 벼의 수확 철이 되면 머슴들이 소작인들이 소달구지에 바리바리 싣고 온 곡식들을 차곡차곡 쌓아 둔다. 마당의 다른 쪽에는 사랑방이 있어 할아버지의 글 읽는 소리가 들리기도 하고 손님들과의 담소도 들렸다. 손자 손녀들을 불러들여 재롱을 보기도 하고, 또 옛이야기를 들려주기도 하셨다. 사랑방 앞을 지날 때는 언제나 발걸음도 가볍게 조용히 몸을 사려야 했다. 할아버지가 혼자일 때는 가끔 헛기침 소리도 들리고 담뱃대 재를 털어내느라 재떨이를 두드리는 소리도 들렸다. 대문 맞은 편 맨 안쪽에는 안채가 있어서 매일 머슴 가족들도 포함된 대식구들로 붐볐다.

할아버지는 또 이웃 마을인 맥산리(麥山里, 보리미)에서 술도가(都家)도 경영하셨다. 할머니께서 간식으로 갖다 주시던 꼬들꼬들한 고두밥과 사카린을 넣어 버무린 술찌끼는 그 맛이 일품이었다.

그리고 할아버지는 대지면 면사무소의 일도 보셨다. 더욱이 창녕 읍내의 장터에 목이 좋은 곳을 골라 담배 가게를 겸한 가게를 내고 차남인 작은아버지에게 맡기셨다. 또 할아버지는 창녕군청에서 공무원으로 근무하는 아버지인 장남의 생활 편의와 손자들의 교육을 위해서 창녕 읍내 만옥정 공원 근처에 살림집을 마련해 주셨다. 만옥정 공원에는 신라의 진흥왕 순수비가 있어서 관광코스로 사람들의 발길이 끊이지 않았으며, 한국전쟁 이후에는 유엔군 전승비도 세워졌었다. 나는 유년 시절에 안태본인 대지면 왕산리를 떠나 창녕 읍내의 이 집에서 성장기를 보냈다. 나중에 할아버지 할머니도 이 집에서 함께 여생을 사셨다.

  사직공파 28세손인 증조할아버지는 내가 나기 전에 돌아가셔서 뵙지 못했고, 증조할머니는 창녕읍내의 집에서 증손주인 우리 남매들과 함께 90대 초반까지 장수하셨다. 그래서 상주 될 할아버지가 먼저 돌아가실까 염려하는 가정의 분위기였다. 다행히 그런 일은 없었지만 내가 증조할머니의 장례식에 참석하고 선산까지 갔는데, 그때 산에서 먹은 음식으로 체해서 토했던 기억이 뇌리에 생생하다. 그런데 증조할머니를 '오마씨'라고 불렀다. '국어대사전'에도 실려 있지 않은 단어라서 인터넷 사전에 보니, '오마씨'는 '어머니'의 경남 지역의 사투리이며, '자녀를 낳은 여자'라는 어원을 갖고 있다고 했다. 우리 오마씨의 인자한 모습이 지금도 생생하게 뇌리에 남아 있으며, 오마씨가 그리워진다.

  필자 본인은 자랑스러운 사직공파의 조상 하진의 31세손으로 경상남도 창녕군 대지면 왕산리 379번지에서 위로 누나와 형을, 아래로 남동생과 여동생을 두고, 30세손인 아버지와 어머니 사이에서 3남 2녀 중 셋째로 태어났다. 왕산리는 간단하게 보통 왕미라고 하는데, 왕뫼(旺山)의 사투리이다. 수필가로 등단한 후에 호(號)를 하산(夏山)이라 했다. 동생 하현식 시인의 권유에 따라 창녕(昌寧)의 옛 이름인 하산을 호로 정한 것은 더욱 의미가 있는 일이라 하겠다. 하산, 여름 산은 푸르름이 가득하여 바라보는 이들에게 풍요로움을 느끼게 하고 시원함을 더해준다. 집 근처에 있었던 창녕면사무소 경내에 하산관(夏山館)이라고 쓴 간판이 걸려 있었던 건물이 기억난다.

어머니의 태몽

2024년은 내가 출생한 지, 만 90년이 되는 해이다. 나는 5남매 중 한 가운데서 남매들을 조화롭게 상하로 분할을 하여 이어주고 있는 셈이 된다. 위에서 차례로 누나와 형, 아래에서 차례로 남동생과 여동생이 있어서 이것을 가로로 펼쳐 놓고 보면 마치 안정된 모습으로 좌우에 날개를 펴고 날아가는 비행체와 같다고나 할까?

어머니의 태몽 이야기가 생각난다. 어머니가 형을 잉태했을 때의 태몽으로 삼태성을 꿈꾸었다고 한다. 그래서 어머니는 5남매 가운데 우리 3형제를 지칭하여 입버릇처럼 "너희들은 삼태성이다. 하늘을 나는 삼태성이다."라고 늘 말씀하시면서 꿈을 키워 주었고, 자랑스럽게 생각하셨다. 우리 5남매를 보면 가운데 세 형제가 있고, 상하로 두 자매의 보호를 받으면서 밤하늘의 광활한 창공을 운행하는 삼태성을 연상하게 한다. 실제로 하늘의 삼태성은 오리온 좌의 네 별에 둘러싸여 있다. 우리 삼 형제는 네 별은 아니더라도 두 별인 자매로 싸여 있다. 어머니의 삼태성 태몽을 들은 후부터 나는 '삼태성의 한 가운데 별은 나의 별이다.'라고 생각하면서 자부심을 느끼고 꿈을 키웠다.

호적을 떼어 보면 출생 1주일 만인 12월 8일, 아버지가 출생신고를 한 것으로 기록되어 있다. 출생 후 반년 후 또는 1년 후에 하는 등 늦게 출생신고를 하는 다른 사람들에 비해 빨리한 셈이다. 당시에는 영유아 때 사망하는 경우를 고려하여 출생신고를 늦추어서 하는 경향이었던 것을 감안하면 대단히 빠른 편인데, 그것은 아버지가 매사에 성실하고 솔선수범하는 공무원이었기 때문이었을 것이다.

내가 초등학교에 입학하기 전에 부모와 함께 대지면 왕미에서 창녕 읍내로 이사를 했다. 나중에는 해방 후의 토지개혁으로 소작인들에게 토지를 다 넘겨주고 할아버지와 할머니 그리고 증조할머니도 함께 이 집에서 사셨다. 그 후 장수하셨던 증조할머니가 92세에 세상을 떠나신 후 얼마 안 되어 할아버지가 세상을 떠나시고, 할머니는 한국전쟁 때 건강상의 이유로 함께 피란을 떠날 수 없어서 창녕군 이방면의 안전한 큰고모님 댁으로 가셨다가 우리가 피란에서 돌아온 후 세상을 떠나셨다.

할아버지는 담뱃가게를 하던 작은아들 집에 가끔 들리셨다. 나의 초등학교 입학식이 얼마 남지 않은 어느 봄날, 작은아들 집에 와 계신 할아버지께 먼저 인사드리고, 친구들과 그곳 담벼락 밑에서 따뜻한 햇볕을 받으면서 제기차기, 딱지치기 등의 놀이를 하고 있었다.

한 아이가 느닷없이 우리 담배 피우기 놀이 하자면서 종이를 말아서 두 손가락에 낀 채 입술에 물고 연기를 빨아들이고 품어내는 시늉을 해 보였다. 담배 놀이에 다들 동의하고 담뱃가게 손자인 나부터 시작하라고 했다. 내키지 않았지만, 종이를 말아 입에 물고 불을 붙였다. 연기를 빨아들이는 순간 불은 종이 담배를 다 태우고 입술에 화상까지 입혔다. 순식간에 일어난 일이었다. 나는 놀라서 고함을 지르고 큰소리로 울음을 터뜨렸다. 입술이 따가워서 견딜 수가 없었다. 다른 아이들은 이에 놀라 울면서 도망가고 나만 홀로 남았다. 그날 밤 어머니에게 크게 꾸지람을 들었다. 어머니는 재에 참기름을 버무린 민간요법의 시꺼먼 약을 입술에 발라주었다. 입학식에는 까만 입술 그대로 아버지의 손에 이끌리어 참석은 했지만, 다른 아이들의 눈길에 몸 둘 바를 몰랐다.

국민학교(현 초등학교)에 입학하기 전이나 저학년일 때는 어린 탓에 우리나라가 일제 식민지하에 있었다는 사실을 인식하지 못했다. 학교에서는 일본말만 사용해야 하고, 등교 즉시 학교 신사(神社)에 먼저 들러 참배를 한 후 교실로 향해야 하며, 교실에는 일장기가 걸려 있고 일본 국가를 불러야 했다. '일본 혼' 정신이라고 해서 추운 날 조회 시간에 손을 바지 주머니에 넣지 못하도록 실로 바지 주머니를 꿰매야 했다. 학년이 올라갈수록 일본에 대한 의식이 조금씩 바뀌게 되었다. 쌀을 일본어로 '고메'라고 하니까 '배가 쌀쌀 아프다'를 '하라가 고메고메 이따이'라고 하면서 일본어 사용에 대한, 더 나아가서 일제에 대한 작은 저항이 이런 모양으로 싹이 트고 있었다.

창녕 읍내로 이사를 한 뒤, 어머니는 독실한 기독교인이었던 이웃 한의원 원장님의 사모님과 절친한 사이로 지내셨다. 그의 간곡한 권유로 기독교 신앙을 갖게 되었고 크리스천이 되어 교회에 출석하게 되었다. 전통문화 사이에서 갈등이 있었지만, 아버지와 작은아버지 그리고 다른 식구들과의 마찰에서도 어머니의 지혜로 다 잘 극복하였다. 자녀들은 모두 어머니의 영향을 받아 크리스천이 되었고 아버지는 세상을 떠나기 전에 교회에 출석하게 되셨다. 신앙의 가정에서 자란 한 반 친구의 안내로 교회 유년 주일학교에 몇 번 가보기는 했지만, 초등학교 4학년 때 정식으로 등록하고 출석하게 되었다. 그날로부터 기독교 신앙은 나의 평생을 통하여 내 생활의 중심이고 목표이며, 이상이고 꿈이며, 모든 것의 이유가 되었다.

일본의 악행이 만행하던 초등학교 5학년 때인 1945년의 여름방학 숙제는 소나무 관솔을 1인당 1kg 이상씩 채취해 오라는 것이었다. 산수 문제를 푸는 것도 아니고 일기를 써 오라는 것도 아니라서 모두 불만이었다. 2차대전 중 일본이 군용 유류가 부족했던 시절, 관솔에 적당한 열을 가하면 송진이 기름이 되어 흘러나오는 것을 이용하여 군용기나 탱크 등에 필요한 유류를 이런 식으로 충당하는 것이었다. 그러나 방학이 끝나기도 전인 8월 15일 일본은 패망하고 우리나라는 해방이 되었다. 이제는 일본어를 사용할 필요도, 신사참배를 할 필요도, 일본 국가를 부를 필요도 없어졌다. 더욱이 여름방학 숙제로 관솔 채취의 필요가 없어졌다.

그런데 어린 마음에 걱정이 앞섰다. 우리의 역사로 무엇을 배울 것이며, 우리의 국기는 무엇으로 할 것인지, 또 우리의 국가로 무엇을 부를 것인가이었다. "과연 우리의 역사가, 우리의 국기가, 우리의 국가가 있기는 하는 것인가?"였다. 그러나 그것은 어린 내가 걱정할 일이 아니었다. 일본 역사보다 더 유구한 우리의 역사가 있고, 일장기보다 더 아름다운 태극기가 있으며, 일본 국가보다 더 좋은 애국가가 있다는 것을 후에야 알았다. 유구한 역사가 있고 유서 깊은 국기가 있고 아름다운 애국가가 있었는데, 지금까지 남의 것으로 살아온 것이 너무나 억울한 일이라 가슴이 아팠다. 다시는 이런 일이 되풀이되어서는 안 될 것이다.

소총의 분해 결합

　해방 후의 혼란한 여건 가운데서도 뜻있는 고향의 유지들이 중등교육의 기회를 상실한 청소년들이 미래에 꿈을 가지고 학업을 계속할 수 있도록 중학교 설립인가를 신청 중에 학생 모집을 병행하고 있었다. 참으로 다행한 일이었다. 창녕의 중학교 이름은 이웃 창녕군 영산면에 일제 강점기 때부터 있었던 창녕중학교 때문에 남창중학교라 했다. 나중에 영산면 소재 창녕중학교를 영산중학교로, 창녕읍 소재 남창중학교를 창녕중학교로 개명하였다.

　창녕중학교 1학년 때의 일이다. 모교의 창녕초등학교 6학년 후배들이 축구 시합을 제의해 왔다. 응당 우리가 이길 것으로 생각하고 흔쾌히 승낙한 후 축구팀이 만들어졌다. 나는 골키퍼를 맡았다. 몸으로 보나 기술로 보나 틀림없이 이길 줄 알았는데 근소한 차이로 패하고 말았다.

한국전쟁이 한창이던 중학교 시절, 전시 체제하에서 중학교에서도 군사 교관이 파견되고 군사교육을 실시하던 때이었다. 그리고 군사교육을 실시한 이후 처음으로 교육검열을 하는 그런 시기였다. 검열 과목으로는 단체의 제식훈련과 총검술, 개인의 M1 소총의 성능과 분해 결합에 관한 것이었다. 특히 M1 소총에 관한 것은 전체 학생들도 숙지해야 했지만, 최종적으로는 대표 한 학생이 검열관들 앞에서 검열을 받아야 했다. 그런데 이게 웬일입니까? 우리 학교의 조금은 별난 교관님이 그 대표로 나를 지목했을 뿐 아니라 눈을 뜬 채로 해도 어려운 M1 소총의 분해 결합을 눈을 가리고 해 보라는 것이었다. 너무나 벅찬 과제이었다.

학교 대표로 선출되어 기뻤지만, 그 기쁨도 잠깐이었다. 설상가상으로 검열일이 주일(일요일)이라는 것을 알았기 때문이었다. 기독교인에게 성수주일(聖守主日)은 신앙의 기본이다. '그만둘까?, 그러면 무서운 교관님의 호통은 어떻게 감당할 것인가?', '기독교인으로서 성수주일을 지키지 않고 운동장에서 M1 소총 분해 결합한답시고 눈 가리고 있는 모습이 얼마나 우스꽝스럽겠는가? 나의 성수주일에 대한 신앙적 신념은 또 어떻게 되는 것인가?' 마음의 갈등을 견딜 수가 없었다. '어떤 희생을 치르더라도 성수주일은 꼭 지켜야 한다는 신념은 변함이 없었다.' 검열일은 점점 다가오고, 그에 따라 연습도 더 열심히 하고는 있었다.

검열일이 가까워지자 잠이 오지 아니하였다. 아무리 잠을 이루려고 해도 소용이 없었다. 밖에는 그믐달이 으스름하게 어둠을 밝히고 있어서 더욱 쓸쓸하게 보였다. 학교를 대표하여 좋은 성적을 얻고 선생님들과 친구들의 환호를 생각하면 가슴이 벅차올랐다. 그러나 그날이 주일인 것을 생각하면 그 벅차오르는 가슴이 단번에 싸늘하게 식고 말았다. 시간이 얼마나 지났을까, 그때 멀리서 교회의 새벽 종소리가 들려왔다. 자신도 모르게 무릎을 꿇고 성수주일도 지키고 맡은 책임도 감당하도록 간절히 기도했다.

그런데 검열일을 나흘 앞둔 어느 날 아침에 담임선생님이 급한 걸음으로 교실에 오시더니, "학생 여러분 놀라지 마세요. 군 당국의 사정에 의하여 우리 학교의 군사 교육 검열을 사흘 앞당겨서 내일 시행하게 되었어요. 그러니 오늘 하루 열심히 연습해서 내일 좋은 성적을 내도록 하세요."라고 했다. 나는 내 귀를 의심하였다. 옆의 친구에게 선생님이 무슨 말씀을 하셨느냐고 되묻기도 하였다. 그것은 정말이었다. 검열일이 앞당겨진 것이었다. 그것도 사흘씩이나, 군사 교육 검열을 주일에 하지 않는다는 것이었다. 믿어지지 아니했다. 그러나 사실이었다. 조용히 눈을 감고 감사의 기도를 드렸다. 가슴이 벅차서 터질 것만 같았다. 선생님들의 격려와 친구들의 협조 속에서 단체의 제식훈련과 총검술 연습을 열심히 하는 운동장을 바라보며 실내에서 나는 온종일 M1 소총의 성능을 확실하게 외우고 눈을 가린 채 분해 결합하는 것을 몇 번이고 반복하면서 하루 앞으로 다가온 검열에 대비하였다.

하늘을 날 것만 같은 기분이었다. 변경된 검열일에 아침 식사도 하는 둥 마는 둥 일찌감치 발걸음도 가볍게 등교하여 만반의 준비를

다 하였다. 단체의 제식훈련과 총검술의 검열 순서가 끝나고, 개인의 M1 소총에 관한 검열 순서가 되었다. 나는 운동장에 빽빽하게 줄지어 선 학생들 사이를 지나 무섭게 보이는 검열관들 앞에 다가섰다. 그리고 가리개로 눈을 가렸다. 천지가 캄캄했다. 그 넓은 대지 위에 나 혼자만 있는 것 같았다. 사방은 쥐 죽은 듯 고요하였다. 그때 검열관이 'M1 소총의 성능'이라는 말에 깜짝 놀라 나도 'M1 소총의 성능'이라고 크게 복창하고, '첫째, 공냉식, 둘째, 견착 사격식, 셋째, 삼탄 장진식'이라고 거침없이 대답하였다. 그리고 검열관의 'M1 소총의 외부 명칭'이라는 말에 복창한 후 일일이 짚어가면서 '개 머리판, 가늠자 울, 위 덮개, 가스통 마개, 총구멍' 등을 큰소리로 외쳤다. 계속하여 'M1 소총의 분해 결합'이라는 검열관의 호령을 복창한 후 M1 소총을 분해하기 시작했다. '방아쇠울'과 '개 머리 판'을 끄집어낸 후 손잡이를 흔들어 '피스톤'을 빼내고 '용수철 받침'과 '공이치기 뭉치' 등의 이름을 크게 말하면서 차례로 꺼낸 후 부속품을 순서대로 다 나열하였다. 분해를 마치고, 이어서 결합을 하려고 하는 순간 한 검열관이 큰 소리로 "잠깐" 하면서 내 앞으로 다가오는 것이었다. 순간 '아차! 분해 중 무슨 문제가 생겼나?'라고 생각하는데, 분해한 부속품 하나를 들어, 내 손에 쥐여 주면서 '이것의 이름이 무엇이냐?'고 물었다. 순간, 운동장의 모든 학생과 선생님들이 숨을 죽였다. 나는 조금도 주저하지 않고 '용수철 받침'이라고 자신 있게 대답하였다. 일제히 안도의 한숨을 내쉬는 것 같았다. 이어서 분해의 역순으로 결합을 하고 끝으로 '개머리판'을 끼운 후 '방아쇠울'을 딱 치면서 결합을 마무리했다. 하늘 높이 울려 퍼지는 전교 학생들과 선생님들의 박수와 환호 소리를 들으면서 나는 제자리로 어떻게 돌아왔는지 모르겠다.

　주일 성수와 관련하여 훨씬 나중에 안 일이지만, 1981년 영국에서 개봉된 휴 허드슨 감독의 영화 '불의 전차'가 생각났다. 1924년 파리 올림픽에 영국의 국가대표인 100m 육상선수로 출전한 영국 선수 에릭 리델과 헤럴드 에이브러햄에 관한 실화를 근거로 한 영화이다. 자신의 종교적 신념과 조국 사이에서 고민하던 에릭 리델은 일요일에 시행했던 100m 육상 경기에 출전을 과감히 포기했다. 다행히 다른 날 시행했던 400m 육상 경기에 출전할 수 있게 되었고, 결국 금메달을 따게 되었다는 내용이다. 성수주일을 위해서 고민하고 결단한 에릭 리델 선수에게 공감이 가는 내용이었다.

자랑스러운 수석

    한국전쟁이 일어났던 그다음 해 1951년에 나는 당시의 학제로 4년제 중학교를 졸업했다. 고등학교에 진학할 귀중한 시간이었지만, 고향에 고등학교도 없을 뿐 아니라 전쟁은 소년 소녀들 면학의 꿈을 무참히도 앗아 가버렸다. 진학이 문제가 아니라 생사가 문제이었다. 중공군의 참전으로 힘을 입은 북한군이 파죽지세로 남하하여 고향 근처인 낙동강 주변까지 점령하여 나라의 운명이 풍전등화의 꼴이 되었다. 국민들은 나날을 공포 속에 살면서 피란의 명령만 기다리고 있었다. 며칠 뒤 피란길에 올랐다. 봇짐을 지고 가축도 끌면서 피란 대열은 유유히 시골길을 따라 흘러가고 있었다. 그날 밤은 어느 시골 산자락의 냇가에서 보내기로 했다. 더 이상 함께 갈 수 없는 가축을 처리하여 나누었다. 불안한 내일을 염려하기도 하고 나눈 고기를 실컷 먹으면서 눈물을 흘리기도 하였다.

이튿날 높은 재를 넘다가 해가 저물어서 산골짜기 어느 초등학교 강당에서 피란 봇짐을 내려놓았다. 자정쯤 되었을까, 강당 안이 술렁거렸다. 말로만 듣던 북한군이 나타났다. 이곳저곳을 돌면서 건장한 청년들을 강제로 데리고 가는 것이었다. 북한군이 있을 때는 겁에 질려서 아무 말도 못 하다가 물러가고 난 다음에야 아들을 빼앗긴 가족들의 울부짖는 소리가 학교 강당을 넘어 멀리 산골짜기에 메아리치며 퍼져나갔다.

밀양군 무안면, 전쟁으로부터 안전한 곳에서 마음씨 고운 어느 가정집의 헛간에 덕석을 깔고 이웃 사람들의 관심과 도움 속에서 몇 개월의 피란 생활을 했다. 늙으신 아버지와 군에 입대한 형을 대신하여 우리 형제는 인근 야산에 가서 나무를 하고 일찍 시집을 간 누나를 대신하여 막내 여동생은 어머니를 도와 가사를 돌보았다. 더욱이 어머니는 연약한 몸으로 밀양 읍내 도매 시장에 가서 과일을 사다가 머리에 이고 와서 집 근처에서 소매를 하여 생계를 유지했다. 어려운 피란 생활이었다. 그러는 동안에 유엔군이 참전을 하고 인천상륙작전이 성공하여 전세는 역전되었다. 피란민은 고향으로 돌아가라는 명령에 따라 봇짐을 대충 챙기고 고향 집으로 귀환하는 발걸음은 날아갈 듯 가벼웠다.

그러나 추수의 시기를 놓친 삭막한 들판의 곡식들과 길가에 수습되지 못한 시체들이 널브러져 있는 모습은 사람들의 마음을 슬프게 했다. 고향에 돌아와 보니, 집은 도적이 든 것 같이 흐트러져 있었고, 집 앞 만옥정의 수목들은 태풍에 피해를 본 것처럼 가지가 부러지고 찢어져 있었다. 만옥정 공원 여기저기에 구덩이가 파헤쳐져 있어서 이 구덩이에는 북한군의 시체가, 저 구덩이에는 부자들의 시체가 묻혀 있다는 소문 때문에 일몰 이후에는 공원에 인기척이 뜸했다.

피란에서 돌아온 후, 차차 주위가 정돈되고 안정을 되찾아 갈 무렵 가정마다 자녀들의 교육 문제 특히 고등학교 입학 문제가 큰 이슈로 떠올랐다. 고향에는 고등학교가 없고 대도시에만 있었다. 전쟁 중에 대도시에 자녀들을 보낼 만큼 넉넉한 가정이 많지 않았다. 그런데 마침 서울 모 농업고등학교 교사들이 창녕에 피난을 와 있었다. 고향의 유지들이 이들과 힘을 모아 고향에 농업고등학교를 설립하고 이름을 창녕농업고등학교라 하였다. 다행이었다. 나는 그해 11월에 고등학교 2학년 신입생이 되었고, 1학년 신입생과 함께 입학하였다. 2학년 신입생은 2년 후이면 제1회 졸업생이 되고, 1학년 신입생은 3년 후에 제2회 졸업생이 된다. 과목은 국·영·수를 비롯한 일반과목 외에도 전작(田作, 밭농사)과 도작(稻作, 벼농사) 등, 농업 과목도 상당 부분 있었고, 학교 부설 과수원도 생겨서 철 따라 과일을 접할 수도 있었다. 신설 학교라 미비한 점이 많았으나 전 교직원과 학생들이 힘을 모아서 운동장이면 운동장, 건물이면 건물, 밭이면 밭, 논이면 논, 과수원이면 과수원, 필요한 곳에 힘을 더해서 학교를 새롭게 건설해 나갔다.

한편, 우리 가정에서는 한국전쟁 직전에 참전했던 형이 포병으로 군 복무를 하다가 한국전쟁 시 인민군의 남하에 따라 후퇴하던 중 포대가 지뢰를 밟아 폭파되는 바람에 한쪽 눈을 잃고 턱에 부상을 당하여 육군 병원에서 치료를 받고 완치하여 제대하였다. 그 후 형은 불편한 몸을 이끌고 창녕중학교로 개명된 남창중학교에서 교련 교관이 되었다. 영산의 창녕중학교는 영산중학교로 개명하였다.

　아버지는 창녕군청에서 거창군청으로 전근 가셨다가 그곳의 공비 사건에 휘말리어 정신적으로 충격을 받아 공무원 생활을 할 수 없었다. 고향으로 돌아와 토지개혁으로 전답을 소작인들에게 넘겨주고, 남은 전답으로 농사를 지으며 생계를 유지하고 있었다. 고등학생인 나도 시간을 쪼개어 아버지를 도와서 먼지를 뒤집어쓰는 밭매기, 거머리와의 싸움인 논매기와 비료가 귀하던 시절 똥장군을 지고 가서 밭 거름더미에 붓는 일 등을 했다. 힘든 농사일이었지만, 온 가족이 함께하는 생활은 행복했다. 비록 때로는 기성회비를 제 때에 내지 못하여 수업 중 호명되어 귀가 조처된 일도 있었지만 덩달아 공부도 잘 되었다. 그 덕택이었던지 나는 고등학교 졸업식장에서 졸업 수석의 영예를 안았다. 푸짐한 부상과 함께 사립학교연합회회장상을 받았으며 졸업장 번호 1번인 영광스러운 졸업장도 받았다. 후문에 의하면 수석 졸업을 결정하기가 여간 어려운 일이 아니었다고 한다. 형 친구 되는 동급생과 성적을 겨루었는데 총점과 평균이 같아서 농고이니까 농업 과목의 점수가 월등히 좋은 편을 결국 졸업 수석으로 결정했다는 것이다. 평생에 몇 건 안 되는 자랑스러운 '수석' 중의 하나다.

만옥정

　나의 고향에는 진흥왕 순수비가 있는 만옥정(萬玉亭)을 비롯하여 새벽에 가보면 안개가 자욱한 작골(자하곡, 紫霞谷)이 있고, 그 너머로 왕산(화왕산, 火旺山)이 위용을 자랑하면서 우뚝 서 있다. 선대 조상들의 선영과 함께 온갖 새들이 노니는 남산이 있고, 어느 여름 가뭄에 갈라진 바닥까지 들어내었던 명덕못 등이 있어서 이들에 대한 청소년 시절의 추억에 그리움이 가슴 속 깊이 저며 온다.
　나에게 만옥정은 고향 중의 고향이다. 소년 시절에 있었던 '만옥정'이라는 정자 때문에 지금의 만옥정 공원이 그냥 만옥정으로 불린다. 그 정자는 주위를 지나는 사람들이 잠시 쉬었다가 가는 곳이기도 하고, 노인들이 소일하는 곳이기도 했다. 비가 오는 날이면 소년들이 정자를 차지하고, '누구는 누구를 이긴다.'라는 등, 말들로 힘자랑도 하며, 또 오손도손 이야기꽃을 피우는 곳이기도 하였다.

만옥정은 우리 집에서 골목을 나오면 길 건너편에 있어서 아침저녁으로 등하굣길에 공원을 가로지르며 왕래하는 곳이었다. 우리 집 대청마루에 서면 굵은 감나무 가지 사이, 담 너머로 만옥정의 벚나무가 보이고 그곳에 있는 천도교 교당 지붕의 이끼 낀 기왓장이 보이는, 그래서 언제나 마음 편하게 갈 수 있는 곳에 있었다.

만옥정은 일제가 우리의 민족혼을 말살시키는 장이었다. 진흥왕순수비 전각이 있고, 천도교 교당이 있는 만옥정에 신사를 짓고 참배를 강요하였다. 그러나 해방 다음 날, 그 신사는 애국청년들의 손에 무참하게 부서지고 불태워졌다. 이를 보던 온 동네 사람들이 목이 터지라고 독립 만세를 부르면서 감격했다.

만옥정에는 중간에서 아래쪽으로, 사람들이 예사롭게 보아 넘기는 바위 하나가 있다. 어떻게 보면 목과 사지를 몸속에 감춘 거북의 모양과 같기도 하고, 조개껍질 한쪽을 엎어놓은 것 같기도 한 바위이다. 이 바위가 소년 시절 놀이의 중심점이었다. 술래잡기할 때는 술래가 눈을 가린 후 그 바위에 이마를 대고 수를 세기 시작하면, 다른 아이들은 잽싸게 달아나서 벚나무 뒤에나 천도교 교당 옆에 숨었다. 편을 갈라 자치기를 할 때도 그 바위 앞에 큰 원을 그리고 그 원 안에서 긴 막대기로 작은 막대기를 힘차게 치면, 어떤 때는 진흥왕 순수비 전각 가까이 날아가기도 했다. 그럴 때면 네 편 내 편 가릴 것 없이 환호성을 지르면서 기뻐하였다. 어쩌다 만옥정에 혼자 있게 되면 조용히 그 바위에 걸터앉아 거북을 타고 거친 파도를 헤치면서 바다를 항해하는 생각을 하기도 하고, 값진 진주를 품은 조개를 따고 있는 듯한 기분에 잠기기도 하면서, 상상의 날개를 펼치기도 했다. 그러다가 날이 어두워지면 만옥정을 뒤로하고 집으로 발길을 돌렸다.

한국전쟁이 일어나던 다음 해에 나는 고등학교 진학을 생각해야 했다. 그러나 전쟁은 청소년들의 향학열을 무참히도 짓밟아 버렸다. 파죽지세로 남하하던 인민군이 낙동강 저쪽에서 밤낮을 가리지 않고 박격포를 쏘아 댔다. '쌩쌩' 머리 위로 날아간 박격포탄이 건너편 산에 떨어지면서 내는 굉음은 사람들을 공포에 떨게 하였다. 사람들은 피란 갈 준비를 다 해 놓고 떠나라는 명령만을 기다리면서 불안해하였다. 결국, 그해 가을 추수를 기다리던 황금 들판을 뒤로하고 만옥정 옆 넓은 길을 가는 피란 행렬 따라서 피란길에 올랐다. 청소년 시절에 한 번도 떠나본 적이 없는 만옥정이었다. 미어지는 가슴을 억누르면서 점점 멀어져 가는 만옥정의 끝자락을 자꾸만 뒤돌아보았다. 피란길은 감당하기 힘든 고난의 길이었다. 어느 시골 냇가 자갈밭에서 잠 못 이루며 하룻밤을 지새우기도 하고, 험준한 재를 쫓기듯 숨 가쁘게 넘기도 하였다. 가을비답지 않게 쏟아지는 장대비 속에서 말로만 듣던 인민군을 만나 호기심과 두려움이 교차되는 착잡한 순간을 경험하기도 하였다.

피란지에서는 고향으로 돌아갈 날을 손꼽아 기다리면서 만옥정에 대한 그리움을 달래기도 하였다. 귀환하라는 소식이 전해지자마자 중요한 몇 가지 생활 도구와 옷가지를 챙겨 만든 봇짐을 지고 고향으로 향했다. 하늘을 날 것만 같았다. 그러나 그런 즐거움도 잠시일 뿐, 추수 때를 놓쳐 버린 들판은 삭막했고 고향으로 돌아가는 길거리 곳곳에 수습되지 못한 주검들은 전쟁의 참혹함을 여실히 말해 주고 있었다.

고향 집으로 돌아왔으나 집안은 많이 흐트러져 있었고 만옥정은 폭풍이 지나간 듯 울창하던 벚나무가 많이 훼손되어 있었다. 군데군데 구덩이가 패어 있어서 음산한 분위기가 감돌고 있었다. 어떤 구덩이에는 인민군의 시체가 묻혀 있다느니, 또 어떤 구덩이에는 어느 부자의 시체가 묻혀 있다느니 하는 소문 때문에 해가 진 후에는 만옥정에 인기척이 뜸해지기도 하였다. 후에 진흥왕 순수비 가까이 아래쪽에 유엔군 전승비가 세워졌다. 낙동강 전투에서 유엔군의 승리를 기념하는 비석이었다.

고향에 신설된 농업고등학교는 전쟁에 시달리고 가난에 움츠려 있던 청소년들에게 희망과 용기를 주었고 그들의 앞길에 길잡이가 되었다.

고등학교 졸업 후에는 어려운 가정 형편에도 불구하고 자식의 대학 진학을 바라시는 부모님의 후원에 힘입어 도시의 대학에 응시할 결심을 하게 되었다. 대학 입학시험에 꼭 합격하여 부모님의 사랑에 보답하고 모교의 명예를 지켜야겠다는 사명감이 용솟음 쳐 올랐다. 대학입학시험을 마치고 집으로 돌아온 나는 만옥정의 이곳저곳을 배회하면서 입시 결과를 초조하게 기다리고 있었다. 합격의 기쁜 소식을 들은 것은 만옥정의 한 벚나무 아래 앉아 있을 때였다.

도시의 대학으로 가기 위하여 고향을 떠나던 날, 만옥정을 가로지르면서 벚나무 사이를 지나 거북이 등과도 같은, 조개와도 같은, 그 바위 주위를 몇 번이고 몇 번이고 돌고 돌았다.

통근버스를 타라

 고등학교를 수석으로 졸업은 했지만, 그 즐거움에 들떠 있을 겨를이 없었다. 대학에 진학할 일이 앞에 가로놓여 있었기 때문이었다. 대학에 갈 가정 형편은 아니었다. 그러나 '물려줄 재산은 없지만 어떤 일이 있어도 대학 교육과 신앙은 유산으로 물러 주겠다'는 부모의 강력한 의지의 덕택으로 피나는 노력 끝에 부산대학교의 학생이 된 것은 큰 축복이었다.
 입학식과 함께 나의 희망찬 대학 생활이 시작되었다. 전시 중이라 전국의 대학들이 전시연합대학의 체제로 부산으로 피란해 내려와 있었다. 나는 고교 시절 멋지게 강의하던 수학 선생님의 영향을 입어 수학을 전공하는 학생이 되었다. 수학의 추상성에 적응하지 못한 탓에 한동안 고전했다. 대학의 수학이라도 고등학교의 수학을 기초로 하지만 대학의 수학은 그 정도가 여간 높은 것이 아니었다. 그 어려운 수학을 이야기하듯 강의하는 교수들을 부러운 눈으로 바라보며 '나도 언젠가는 저렇게 되어야지'라고 마음에 다짐하면서 교수의 꿈을 키워나갔다.

미분적분학, 미분방정식, 선형대수학 등, 계산하면 답이 나오는 수학은 좀 나았지만, '추상대수학' 같은 과목은 이름이 말하듯이 너무 추상적이고 비실용적인 것이라고 생각하면서 고민하기도 하였다. 어느 추상대수학 시간에 있었던 일이다. 담당 교수가 군(群 group)에 관한 정의를 열심히 강의하고 있었다. 교수가 '군(群)'의 정의를 하는데, 그야말로 추상대수학답게 추상적이어서 도무지 이해할 수가 없으니, 슬며시 화가 났다. 그래서 "교수님 이런 것 해서 무엇합니까?"라고 당돌하게 물었다. 교수는 빙긋이 웃으면서 "수학을 전공하는 학생이 그런 말을 하면 되는가?" 조용히 타이르고는 강의를 이어 나갔다. 수학의 추상성에 익숙하지 못하고 수학의 실용성에 안목이 좁은 유치한 질문이었다는 것과 수학을 전공하는 학생이 그런 질문을 해서는 안 된다는 것을 깨달은 것은 그로부터 훨씬 뒤의 일이었다. 서툰 대도시의 생활과 고향을 떠난 나그네의 감정 때문에 마음이 위축되어 있었던 것이다.

넉넉하지 못한 시골 생활 중에서도 아들의 대학 교육을 위해서 힘껏 지원을 아끼지 아니하시는 부모의 부담을 조금이라도 덜어 드리기 위해서 대학 3학년 1학기부터 부산에서 미션스쿨인 평화중고등학교에 출강하게 되었다. 당시 우후죽순처럼 생겨나는 중고등학교에 특히 수학 교사가 부족했고, 미션스쿨이 필요로 하는 크리스천 수학 교사는 더더욱 구하기가 힘이 들었는데, 대학생 신분이었지만 내가 크리스천이라는 이유로 출강이 쉽게 결정되었다. 설립 당시 학교가 다 그랬듯이 어렵기는 마찬가지 이어서 주야간 수학 시간을 소화했는데, 특히 야간에 영어 교사가 부족해서 한동안 중학교 3학년의 영어도 가르쳤다. 이 학교는 일제가 강요하는 신사참배를 거부하고 신앙을 지키기 위하여 투옥되었던 기독교 지도자들이 해방 후 출옥한 시대적 배경하에서 설립되었다. 더욱이 한국전쟁 중 두 아들이 공비들에게 순교 당하고도 소록도의 한센병 환자들을 보호하기 위하여 피란을 포기하고 결국 자신도 순교한 손양원 목사의 전기 『사랑의 원자탄』의 저자가 교장으로 봉직하고 있어서 순교 정신이 넘쳐흐르는 신학교 이상의 학교였다. '가르치는 것이 배우는 것이다.'라고 했듯이 비록 고등학교의 수학이지만 가르치는 가운데서 수학적인 체계를 확고히 세우고, 배울 때 파악하지 못했던 부분을 재정립하면서 수학의 진미를 더욱 맛보게 되었다. 대학에서 배우고 고등학교에서 가르치며 보완하면서 양립하는 생활을 하였다.

　대학 생활 4년 동안 변함없이 관심을 가진 것은 교직원들의 출퇴근을 돕는 대학의 통근버스였다. 지금은 자가용이 있어서 그렇게 많이는 이용하지 않지만 자가용이 귀했던 그 시절에 교수들은 대중교통보다는 대학의 통근버스로 출퇴근하는 것이 상례로 되어 있었다. 한번은 퇴근 시간에 교직원들이 줄을 서서 질서있게 퇴근 버스에 오르는 것을 눈여겨보았다. 머리가 희끗희끗한 노교수들은 앞자리에 앉고 젊은 교수나 직원들은 뒷자리에 앉아 있었다. 퇴근버스에 앉아 있는 교수들의 모습은 교실에서 강의하던 모습과는 또 다른 느낌을 주었다. 시간이 되어 붕~하고 검은 연기를 내뿜으면서 앞으로 내달리는 퇴근버스의 뒤꽁무니를 강렬한 시선으로 바라보면서 '저 통근버스를 타라', '언젠가는 나도 저 통근버스를 탈 것이다.' 이렇게 스스로 명령하고 마음으로 다짐하는 사이에, 통근버스는 벌써 저 멀리 정문을 빠져나가고 있었다.

대학을 졸업하면 대학원에 진학하여 공부를 계속해야 하고 직장생활도 하여 그동안 수고를 아끼지 아니했던 부모를 행복하게 해 드려야 하겠지만, 남자로서 군 복무의 의무를 우선으로 생각하고, 논산 신병 훈련소에 입대했다. 4월의 날씨인데도 훈련소는 흰 눈에 덮여 있었다. 소정의 신병 훈련 과정을 마치고 부산의 병참학교에서 전문병과 훈련을 받았다. 병참학교를 졸업하는 날, 교장실에서 몇 사람을 부르더니 일렬로 세워놓고, "귀관들은 훈련 기간 중 훈련성적이 탁월했으므로 희망하는 부대로 배치할 것이니, 원하는 부대의 이름을 쓰라"고 했다.

나는 희망한 부산 제8병참 기지창에 배치를 받고 행정과에서 복무하고 있는데, 군인교회에 오르간 반주자가 필요하다는 부대 군목의 간곡한 요청으로 군종병으로 복무하면서 부대원들의 정신 교육과 크리스천 병사들의 신앙 교육을 맡은 군목을 보필했다. 전방에서 복무하는 병사들에 비하면 너무나 편안한 군 복무를 하게 되어 미안한 마음을 금할 수 없었다. 그 사이 사라호 태풍으로 군인교회 지붕이 산허리까지 날아간 일로 수습하느라 땀 흘렸던 일들이나 군사혁명이 일어나 단축되리라던 군 복무 기간이 수포로 돌아가 아쉬워했던 일들이 추억으로 남는다.

　제대 직전에는 미국의 복음주의동맹선교부(TEAM)가 축복산고아원의 원생들을 위해서 설립한 대성중고등학교의 수학 교사로 초빙을 받았다. 제대 후에 펼쳐질 앞날에 대한 기대감으로 가슴 뿌듯하였다.

교수의 길

　일본 유학에서 돌아온 이후, 확실히 강의실에 들어가는 데에 부담이 덜했다. 학문에 대한 자그마한 자신감이 생겼다고나 할까. 스스로 더 노력을 하면 한평생 대학의 교단에 설 수 있을 것 같은 느낌이었다. 더욱이 그 이듬해 부산대학교 개교기념식에서 제10회 '교수연구업적상'을 수상하여, 교수 생활을 하는데 정신적으로 많은 격려가 되었다.

　학부 학생들의 강의에 열성을 다할 뿐 아니라, 석사과정 학생도 지도했다. 해석학을 전공하는 학생들에게 일본 유학에서 공부한 비선형해석학의 강의를 하고 세미나를 열어서 새로 시작하는 비선형해석학의 분야에 활력을 불러일으켰다. 석사 제1호 학생부터 비선형해석학을 전공하게 하고 비선형해석학 세미나에도 참가시켰다. 부산대학교에서 비선형해석학에 관한 이 세미나가 서울대학교와 더불어 우리

나라에서는 그 효시가 된다고 했다. 비선형해석학을 전공하고 배출된 석사 1호는 지금 비선형해석학 분야에서 앞서가는 부산대학교 박종열 교수이다.

그런데 한국 대학의 분위기가 어수선하였다. 각 대학마다 대학원을 신설하기도 하고, 대학원이 있는 대학은 박사과정을 만들기도 하였다. 논문 박사학위 제도도 만들었다. 초창기에 박사학위가 없는 교수가 대부분이었던 터라 많은 교수들이 환영하였다. 분명히 박사의 홍수 시대를 맞이할 것이라 생각했다. 아니나 다를까, 몇 년 후에는 각 대학의 전후기 졸업식 때마다 논문 박사로 박사학위 수여자가 수없이 배출되었다. 나는 그렇게 하기는 싫었다. 그래서 이것 또한 부담으로 다가왔다.

이때쯤 수학의 불어 논문 읽기가 도화선이 되어 불어 학습에 열을 올리고 있었다. 불어교육과의 꾸뻬 회화 교수의 부인과 함께 몇몇 교수들이 팀이 되어 불어 공부를 하고 있었다. 어느 날 비 오는 날씨 탓으로 나만 출석했다. 동료들을 생각해서 교재 진도는 나가지 않았고, 프랑스의 교육 제도에 대하여 이야기를 듣다가 마담 꾸뻬가 프랑스로 유학을 가고 싶으면 프랑스 대사관에 추천할 수 있다고 했다. 당시 한국은 프랑스와 원자력에 관한 상호협력조약이 체결되어 이 방면의 많은 학자들이 프랑스에 초청되어 가고 있었다.

이것이 계기가 되어 프랑스 정부의 초청을 받아 비선형해석학의 본 고장인 파리 제6대학에 제2의 유학을 떠나게 되었다. 1974년 6월에 예술의 도시 프랑스 파리에 도착하여 곧바로 소정의 불어 연수를 위해 스위스와의 국경 지대에 있는 고도 브장송 소재 브장송 대학의 불어학원에 가게 되었다. 브장송은 프랑스의 대문호 빅토르 위고의 출생지이고, 군인이었던 그의 아버지가 주둔해 있었던 곳으로, 시내의 중앙공원에 위고를 기리는 좌석상이 유명하다.

9월 파리 제6대학의 개학을 앞두고 브장송대학에서 불어 공부를 마치고 파리로 이동했다. 숙소는 '국제대학생 기숙사촌'이었는데, 프랑스로 유학을 보내는 각국에서 자기 나라 학생들을 위해 자기의 건축 양식으로 기숙사를 건축한 작은 지구촌이었다. 그 중에서 프랑스 정부에서 현직 외국인 교수들을 위해 건축한 아름다운 숙소에서 파리의 생활이 시작되었다.

파리 제6대학은 해석학의 세계적인 권위자인 쇼케 교수가 재직하고 있었으며, 비선형해석학의 두 베테랑인 브레지스 교수와 베니랑 교수도 있어서 세 교수의 강의를 들었다. 특히 베니랑 교수의 친절한 지도를 받아서 비선형해석학에 관한 연구를 하고, 프랑스의 저명한 논문지에 베니랑 교수와 공동으로 논문을 냈다. 이 논문을 다시 정리하여 박사학위 논문으로 제출했으며, 불어로 발표하고 소정의 심사에 합격하여 수학박사학위를 수여 받았다.

파리에 있는 동안 1975년 9월에 벨지움의 수도 브뤼셀의 브뤼셀대학에서 개최된 나토고등 연구소가 주관하는 '비선형작용소'에 관한 국제학술회의에 비선형해석학 교수들과 함께 참가하는 기회를 얻었다. 연구논문을 발표할 계획은 갖고 있지 않았지만 처음으로 참석하는 국제학술회의에서 평소에 논문으로만 이름을 알고 있었던 훌륭한 수학자들을 만나고, 차원 높은 강연을 들을 수 있었던, 참으로 보람찬 국제학술회의였다.

1976년 8월 프랑스 파리에서의 생활을 끝내고 귀국할 즈음에 베트남에서 온 한 유학생이 어떻게 알았는지, "교수님이 귀국하실 때 저를 한국으로 데려갈 수 없겠습니까? 베트남은 망해서 나는 돌아갈 조국이 없습니다."라고 하면서 슬픈 기색이 완연한 얼굴로 호소하는 것이었다. 농담도 섞여 있는 듯하면서도 그 진지한 얼굴에서 폐망한 조국을 가진 국민의 불행한 한 단면을 보는 것 같아 순간적으로 나는 돌아갈 조국이 있음이 얼마나 다행인가를 느꼈다. 그 후 그 베트남 학생은 어찌 되었는지 알 수 없지만 조국에 돌아갈 때 나는 미국에 들렀다 가느냐, 이스라엘에 들렀다 가느냐의 행복한 고민을 하고 있었다. 앞으로 미국에 갈 기회는 많을 것이므로 결국 이스라엘에 들러서 가기로 했다. 그리하여 예루살렘, 갈릴리, 가나 등 성경에서만 들었던 곳을 직접 돌아보고 그리스도의 행적을 몸으로 체험했다.

프랑스에서 귀국한 이후로는 박사 과정 학생도 받고 한층 더 비선형해석학의 강의와 세미나에 매진하였다. 한편, 학부 학생을 위한 교재도 개발하여 수학과 2학년용 '미분방정식'과 공대 학생을 위한 『공업수학개론 I, II』를 상재하였다. 1978년 2월에는 문리과대학 수학과 학과장과 대학원 수학과 주임의 보직을 맡았다.

브뤼셀의 국제학술회의에서 이름이 알려진 탓이었던지, 1979년 5월에는 싱가포르 난양대학에서 개최되는 제1차 불동남아수학학술회의에 초청을 받고 '엠-증대작용소의 적섭동'의 논제로 강연하였다.

귀국 길에 일본 구주대학에 들러 전 지도교수에게 인사를 했더니 기다렸다는 듯이 반가워하면서, 논문 준비가 되어 있으면 정리하여 박사 학위 논문을 제출하라고 했다. 일본 유학을 온 것이 1969년이었으니까 꼭 10년 만이었다. 지도교수가 그 때 석사학위 과정에 적을 두라고 권하던 것이 이를 위함이었구나 생각하면 그의 선견지명에 감탄할 뿐이다. 당시 조교이었던 사람도 1970년에 학위논문을 제출하도록 되었다는 것이다. 일본에는 아직도 '논문박사' 제도가 있다. 학위 과정에 들어가지 않고 논문만 제출하여 박사 학위를 받는 제도이다. 석사 학위 과정을 마치고 조교가 되면 학위 과정에 들어가지 않고 학생을 지도하면서 연구를 한다. 적어도 10년 이상 걸려 논문을 제출하고 심사를 받은 후 박사 학위를 받는 제도이다.

귀국하여 국내외에 발표한 논문을 정리하여 박사학위 논문으로 제출하고 여름 방학 막바지에 구주대학에 가서 발표하여 심사를 받아 그 결과를 기다렸다. 같은 해 10월에 일본 문부성의 승인을 받았다면서 학위기를 보내왔다. 박사학위가 두 개가 문제가 아니라 그렇게 실력을 인정받았다는 데에 의의가 있다 할 것이다.

1979년 7월에 대학 교원의 최고 직급인 교수로 승진했으니, 1966년에 전임강사로 대학 교원의 생활을 시작한 지 약 13년만의 일이다. 오로지 대학 교수만의 길로 걸어갈 뿐이다.

재직 중의 국민훈장

　1980년대에 들어와서 학문적으로나 연륜적으로 가장 안정된 교수 생활을 영위하게 되는 것 같았다. 문리과대학이 인문, 사회, 자연의 세 대학으로 개편된 자연과학대학에서 초대 학장을 도와 초대 교무과장의 보직을 맡게 되었다. 문리과대학에서 보다 한층 더 업그레이드 된 자연과학대학을 위하여 힘을 모았다.

　국제학술회의에 참가하는 것이 더 없이 매력적으로 다가왔다. 1982년 6월, 제5회 '비선형미분방정식의 이론과 실제에 관한 경향'의 주제 아래, 미국 텍사스주 아링턴의 텍사스대학에서 개최된 국제학술회의에 초청되어 '엠작용소의 섭동과 발전방정식'의 논제로 발표하였다.

　국제학술회의에 참가하는 이유는 다목적이다. 세계의 학자들과 학술 교류를 하는 것은 물론, 대학원 학생들을 지도하는 입장이면 보다 좋은 교수 밑에서 공부하도록 지도 학생들의 유학을 돕는 경우도 있다. 아링턴 대학에는 세계의 비선형학계를 리드하는 인도 출신 미국인인 라크슈미칸탐 교수가 제직하고 있으며, 나의 경우 비선형해석학에 관한 그의 저서와 논문으로 비선형해석학을 공부하고 연구했었다. 긴 이름 대신에 '라크'로 불러주기를 좋아하는 이 교수는 나의 제의에 순순히 응해주었으며, 신청하면 심사하여 받겠다고 했다. 귀국하여 유학 준비가 완료된 석사를 마친 학생을 아링턴 대학의 라크 교수에게 박사 과정 학생으로 소개하고 유학을 보냈다. 그 후 이 학생은 박사 학위를 취득하고 귀국해서 국립대의 교수로 재직하며 교육과 연구에 열중하고 있는 부경대학교의 신준용 교수이다.

자연대 교무과장의 임기를 마치고, 부산대학교 신문인 '부대 신문사' 주간 교수로 자리를 옮겼다. 국문학과 교수도 많은데 하필 수학과 교수인 내가 신문사 주간 교수의 보직을 맡았는지는 이해가 안 되는 것 중의 하나다. 그런데 권위주의 시대에 저항심이 강한 학생기자들을 지도하기가 여간 힘 드는 일이 아니었다. 이럴 때일수록 면학 분위기 조성을 하겠다는 학교의 방침에 따라 이에 관한 컬럼 연재를 하기로 방침을 세웠다. 학생기자들이 이 일에 반기를 들고 따라 주지 아니했다. 신문 제작을 거부했다. 그러나 동의할 수 없었다. '너희들이 신문 제작을 거부하면 내가 한다, 신문기자가 신문 제작을 하지 못하는 것이 얼마나 고통인가를 알려 주겠다.'라고 경고하고, 전직 기자들을 수소문하여 신문 제작을 하는 한편으로 거부 학생들을 설득하여 결국 차질 없이 신문 제작을 할 수 있었다.

1985년도에는 한 달 간격으로 미국과 독일에서 개최하는 국제학술회의에 참가하게 되었다. 먼저 5월에 미국 텍사스 에딘버그 소재 텍사-범미주대학에서 '미분방정식의 이론과 응용에 관한 국제학술회의'에 초청이 되어 '비선형 반군'의 논제로 연구 논문을 발표하고, 6월에는 독일 튀빙겐 소재 튀빙겐대학에서의 '정치성(正値性)에 관한 국제학술회의'에서 '직철과 직2-철 2-놈공간'의 논제로 발표하였다. 튀빙겐대학에서는 독일학술교류처(DAAD)의 지원으로 국제학술회의 이후에 여름방학 동안 방문 교수로 계속 대학에 남아서 연구하게 되었다. 귀국하여 그해 대한수학회의 추계학회에서 '대한수학회 학술상'을 수상하였다. 1986년과 1987년에는 대학 3학년을 위한 해석학 교재 '실변수함수론'과 대우재단의 지원으로 대학원 학생을 위한 비선형해석학 교재 '비선형 미분방정식론'을 각각 출간하였다.

　권위주의 시대의 대통령이 전 국민의 화합을 도모하는 행사를 다방면으로 했다. 특히 학계에는 그동안의 연구를 치하하고 격려하기 위하여 과학상을 제정하고, 이와 관련된 학자들에게 훈장을 수여하는 행사를 가졌다. 대통령이 참석하는 행사에서 본인이 한국과학재단의 추천을 받아 과학기술진흥의 공이 인정되어 국민훈장 동백장을 받았다. 이 정도의 훈장이면 30년 이상의 교수 경력을 갖고 정년 퇴임하는 교수에게 주어지는 훈장이다. 그래서 훈장은 꼭 정년 퇴임식에서 받는 것만이 아닌 것을 알 수 있었다. 행사를 마치고 참석한 사람들이 청와대에서 베푸는 축하 만찬회에 초대되어 대통령과 악수하고 맛있는 음식을 먹으며 즐거운 한 때를 보냈다.

1980년대도 얼마 남지 않은 1988년 3월에 오하이오 소재 오하이오대학에서 개최된 '미분방정식의 이론과 응용에 관한 국제학술회의'에 초청이 되어 '바나흐 공간에서 증대작용소에 관한 수렴 정리'의 논제로 발표하였다. 학술회의에서 돌아와 4월에 부산대의 기초과학연구소장의 보직을 맡게 되었으며, 채 1년도 지나기 전인 그 이듬해 1989년 1월에 교무처장으로 자리를 옮겼다. 처음에는 고사했다. 바쁜 행정직을 맡으면 연구할 시간은 있을 것인지, 국제학술회에 참가할 수 있을 것인지, 고민하다가 행정직을 통하여도 연구 분위기를 조성하고 대학의 발전에 공헌할 수 있으리라 생각하고 흔쾌히 받아들였다.

　그런데 일이 여간 많은 것이 아니었다. 지금처럼 부총장 제도가 있는 것도 아니고 부처장 제도도 없었다. 거기에다가 기획실의 기능에다가 총장 부재 시 총장 대행까지 수행해야 할 형편이었다. 그러나 시간을 잘 활용하면 못할 일도 아닌 것 같았다. 바쁜 틈을 타서 그해 6월에 미국 콜로라도 스프링 소재 콜로라도대학에서 개최되는 '미분방정식에 관한 국제학술회의'에 초청되어 '바나흐 공간에서 근사작용소들의 수렴'의 논제로 발표하고, 바쁜 행정 업무 중에서도 지혜롭게 행하면 교수로서의 책임을 다할 수 있는 것을 보여 주었다. 두 마리 토끼를 잡았다고나 할까.

　그래도 참기 어려운 것은 자주 있는 회식 자리이었다. 음주를 하지 못하는 나에게는 고역이었고 가시방석이었다. 그런 음주 문화와 분위기가 오래 기독교에 몸담아 생활해 온 사람으로서는 선뜻 받아

들일 수 없었다. 탈피하고 싶었다. 그래서 1990년 3월 교무처장 직을 사임하게 되었고, 마침 미국 유타 주립대학과 학술교류협정이 채결된 터라 보상이라도 하듯 제1차로 부산대학교를 대표하여 유타대학에 교환교수로 파견되었다. 교수 본연의 자리로 돌아온 것 같았다. 하늘을 나는 것 같은 기분이었다. 새장을 빠져나온 새의 기분을 알 것만 같았다.

서울세계수학자대회

    세계수학자대회는 올림픽대회나 축구월드컵대회처럼 회원국들이 4년마다 개최국을 투표로 결정하는 것이어서 그 유치 경쟁이 여간 치열한 것이 아니다. 개최 능력이 있고 개최를 희망하는 회원국은 유치단을 결성하고 다양한 방법으로 유치 경쟁에 나선다.

    2014년 유치 경쟁은 최종적으로 우리나라와 브라질의 한판 승부였다. 그런데 브라질은, 같은 해에 축구월드컵대회의 개최국으로 이미 확정되어 있어서 자연스럽게 우리나라가 개최국이 되었다.

    첫 세계수학자대회가 1897년 스위스의 쮜리히에서 개최된 이래 실로 117년만의 일이어서 2014년 서울세계수학자대회는 가히 역사적인 일이었다. 특히 천여 명의 개발도상국 수학자를 포함하여 121개 회원국에서 5천여 명이라는 참가 회원 수의 기록을 위시하여 다른 기록들을 대부분 갱신하게 되는 서울세계수학자대회는 두고두고 화젯거리가 될 것으로, 실로 놀라운 일이 아닐 수 없다.

세계수학자대회는, 1896년 근대 올림픽이 그리스 아테네에서 제1차로 개최된 이듬해인 1897년에 처음으로 개최되었으니, 올림픽과 그 역사를 같이 한다고 하겠다. 글로벌 교류를 먼저 시작한 체육계에 이어 다른 분야보다 발 빠르게 수학의 글로벌 교류를 시작하여 문제를 공유하고 문제 해결의 방법을 나누는 일에 협력을 아끼지 아니했다.

첫날 개막식은 전쟁의 폐허에서 '한강의 기적'을 이룬 내용의 동영상을 관람한 직후에 시작이 되어 경제만큼이나 발전한 우리나라 수학의 위상을 암시하는 것이어서 참석자들에게 잔잔한 감동을 주었다. 대통령의 참석하에 시작된 개막식은 시상식에서 그 절정을 이루었다.

지난 4년간 혁혁한 연구 업적을 낸 수학자에게 수여하는 필즈상을 위시하여, 수리 정보과학 분야에 뛰어난 젊은 수학자에게 수여하는 네발리나상, 응용 분야에 공헌한 자를 위한 가우스상, 기하학 분야에 뛰어난 업적이 있는 수학자에게 주는 천상, 그리고 수학 대중화에 공헌이 있는 수학자에게 수여하는 릴라바티상의 수상자가 발표되고, 개최국의 국가 원수가 수여하는 관례에 따라 대통령이 직접 수여할 때는 천지가 진동하는 박수 소리에 회의장 천정이 무너지는 듯했다. 단, 릴라바티상은 폐회식에서 수여했다. 노벨상에 수학 분야가 없어서 필즈상을 보통 수학 분야의 노벨상이라고 불리기도 하지만, 40세 이하인 자에게 수여하는 상으로 노벨상과는 질적으로 판이한 것이어서 수학의 노벨상이라 불리어지는 것에 그렇게 동의하고 싶지는 않다.

이번 서울세계수학자대회에서는 사상 처음으로 여성의 필즈상 수상자가 생겨서 세계의 이목을 집중시키기에 충분하였다. 이번 필즈상 수상자에 개최국인 우리나라의 수학자가 포함될 것이라는 막연한 기대를 해 보았지만 수포로 돌아갔으며, 여전히 필즈상 수상자가 없는 국가로 남아 있어야 해서 아쉬움이 컸다. 그러나 가까운 장래에 우리나라에서 필즈상 수상자가 탄생하리라 확신한다. 필즈상은 노력의 산물이지 그것이 목표는 아니다.

시상식 단상 장면 중 특기할 만한 것은 세 여성이 함께 등장한 것이었다. 우리나라의 여성 대통령, 국제수학자대회를 주관하는 국제수학연맹의 여성 회장과 첫 여성 필즈상 수상자 등 세 여성이 연출하는 단상의 모습을 참가자들이 호기심 가득한 눈으로 바라보았다.

세계수학자대회는 주목적이 연구 결과를 발표하는 것이다. 특별 강연, 기조 강연, 초청 강연은 국제적으로 인정받는 저명한 수학자들을 지정하여 맡기고, 일반 발표와 포스트 발표는 신청을 받아 심사하여, 선별된 사람에게 기회를 준다. 비록 필즈상 수상자는 내지 못했지만, 처음으로 한국인 기조 강연자가 지정되었고, 5명의 초청 강연자가 초청되어 우리나라의 높아진 수학의 위상을 엿볼 수 있어서 아쉬움과 반가움이 교차되었다.

세계수학자대회가 연구 결과를 발표하는 목적 외에, 이에 못지않게 중요한 부분은 수학의 대중화와 응용이다. 수학의 대중화를 위한 노력으로 먼저 일반 대중을 향한 강연이 있었다. 하버드대학 수학과 교수 출신인 세계적 펀드메니저가 다양한 산업을 융합하여 새로운 가치를 창출하는데 미칠 수학의 영향력에 대해서 강연하였다. 수학 전시를 위해서 세계 각국의 수학회, 기초과학연구기관, 출판사, 수학 소프트 회사, 수학 교구 업체들이 그들의 특성을 살려 다양하게 전시하였다. 특기할 만한 것은 수학 영화 상영이다. 「나는 어떻게 수학을 싫어하게 되었는가?」라는 제목의 영화이었는데, 2010년 필즈상 수상자의 한 사람이 영화에 출현하여, 마친 후에는 관람객들과 질의응답의 시간도 가졌다. '수학과 바둑'의 프로그램에서 '바둑을 통하여 수학을 알린다.'라는 주제로 강연, 묘수 풀이, 프로 기사와 수학자 간 다면기 대국에 이르는 다양한 행사를 가졌다. 그리고 수학 체험전에서 수학적 조형물의 3차원 형상을 터치 스크린을 통해서 수학을 체험하였다.

미래 산업의 돌파구는 수학의 응용이다. 휴대폰에서 항공기에 이르기까지 신기술 개발에서 직면하는 많은 문제들을 수학의 힘으로 해결한다. 물리학과 기계공학에서 나타나는 방정식은 당연히 수학적인 것으로 표현된다. 이것을 넘어 경제, 금융, 보험, 범죄 등, 사회과학에서 수학이 응용된다는 것이다. 그래서 어떤 현상이든 모델링과 시뮤레이션 그리고 최적화 과정을 통하여 신기술의 발전과 신약과 치료 전략의 디자인 등에도 수학이 적용된다는 것이다. 구체적으로는 정수론으로 정보의 암호를 만들고 미분기하학으로 에니메이션을 만든다는 것이다. 그래서 신산업 기술개발에서 직면하는 새로운 문제는 새로운 수학 이론을 개발하여 응용한다는 것이다. 이런 의미에서 수학과 산업은 상생 관계에 있다고 하겠다. 이번 서울세계수학자대회 이후에도 수학의 더 많은 발전을 통하여 우리나라 경제 발전에 크게 도움이 되기를 기대해 본다.

3부
아프리카의 인상

소금의 영지라는 뜻을 가진 잘츠캄머굿은
잘츠부르크의 동쪽 일대에 펼쳐진 산악 지대이다.
한때 암염 광맥으로 번창하였으나
근대화 과정에서 광맥이 끊어져 폐광이 되고,
지금은 아름다운 경관만이 관광객을 부르고 있다.

아프리카의 인상

　금방 켜놓은 TV에서 아프리카의 굶주려 사그라져 가는 어린이의 화면을 보이면서 도움을 요청하는 광고가 열을 올리고 있다. '오늘 밤 이 아이의 생명이 끝나게 될지도 모른다'고 하고 '한 아이의 생명을 구하는 것이 무엇보다 제일 가치가 있는 일'이라면서 도움을 호소하고 있다. '부담스럽지 않은 금액으로도 도울 수가 있다.'라고 하며, 꼭 지원을 해 달라고 간절히 바라는 광고다. 곁들여서 마실 물이 없어서 냇가에서 오염된 물을 두 손으로 떠 마시는 아이들의 화면도 보여주면서, 시청자들의 온정을 자극하고 있다. 이런 눈물겨운 광고가 오늘의 일만이 아니고 오래전부터 해 오고 있다. 처음 이 광고에 접했을 때 너무 불쌍하고 측은한 생각이 들어서 선뜻 지원을 약속하고 지금까지 지원해 오고 있다.
　아프리카에 갈 기회가 생겼다. 이미 가보았던 이집트 이외의 아프리카 국가라 가슴 벅찬 일이었다. PAUA (범아시아 아프리카 대학연합회)가 탄자니아의 제2 도시 다르에스살렘 소재 탄자니아 국제대학에서 개최하는 정례 심포지엄에 회원대학인 연변과기대의 일원으로 아내와 함께 참가하게 된 것이다. PAUA는 아프리카와 아시아 각국에 파견된 한국인 선교사들이 설립한 대학들의 연합체이다. 이집트 이외는 좀처럼 갈 기회가 오지 않을 것 같았던 아프리카 여행의 기회가 순식간에 오게 되었다. 좀 더 일찍 개최하기로 되어 있었는데 에볼라 바이러스 등의 이유로 탄자니아 개최가 연기되어 왔었다.

아프리카에 대한 인상은 그리 좋은 것만은 아니었다. 여러 매체들의 영향으로 아프리카를 '검은 대륙'이라고 폄하하고 있다. 오랫동안 중동 및 유럽 국가들의 식민지 지배를 받으면서 흑인 노예시장까지 생겨나고, 노예들이 이들 지역뿐만 아니라 멀리 북미 대륙으로까지 팔려 가는 슬픈 역사를 남기고 있다. 그래서 무지와 가난과 질병에 시달리고, 정치적 불안정으로 내전에 내몰리기도 하면서 인간 이하의 생활을 하고 있는 것이 아프리카에 대한 인상의 전부라 해도 과언이 아니다.

최근에는 아프리카에 대한 이런 선입견을 타파하고 아프리카의 진면목을 보여 주는 서적들이 많이 발간되고, 아프리카 재발견의 징조가 여러 분야에서 감지되고 있음은 다행한 일이다. 우선 아프리카에 투자자와 여행객들이 수없이 모여들고, 그래서 그런지 최근에 세계 경제성장률의 평균을 웃도는 국가가 아프리카에 다수 나타났다는 것이다. 잠재되어 있는 자원을 잘 개발하기만 하면 경제성장률을 높이는데 더 큰 도움이 될 것이고, 아프리카는 분명 기회의 땅, 희망의 땅이 될 수 있다. 그동안 식민지 지배국들은 식민지 국민들의 생활의 향상이나 교육은 뒷전이고 풍부한 자원의 약탈과 우민정책으로 일관해 온 것으로 느껴진다.

한편, 아프리카에 대한 우리나라의 노력은 괄목할 만하다. 몇 년 전 에볼라 바이러스 때문에 지금은 휴항하고 있지만, 우리 국적기의 아프리카행 직항로를 통해서 여행객을 비롯한 인적 자원이 많이 왕래하게 되었다. 또 우리나라 경제 발전의 원동력이 되었던 새마을운동의 세계화 전수 정책의 일환으로 아프리카 대륙에 새마을운동의 전수를 위해서 우선 에티오피아에 새마을 시범 사업을 시작하고, 에티오피아를 가난의 덫에서 벗어나게 할 수 있는 농촌 개발 모델을 전국적으로 확산시켰다. 우리나라의 새마을운동을 세계 개발도상국과 공유하여 빈곤 퇴치에 기여하고, 다 함께 잘사는 행복한 지구촌을 만들어 가고자 했다. 그보다 먼저 아시아 지역에 마을회관 건립, 마을 안길 포장 등 새마을 숙원사업을 산발적으로 시행해 오다가 구체적으로 아프리카의 에티오피아, 르완다, 탄자니아 등을 대상으로 새마을지도자 봉사단을 파견하여 새마을 시범 마을을 조성하고 있다.

여기에 곁들여서 열악한 의료 환경으로 인한 에볼라, 에이즈, 말라리아 등의 창궐을 막고 특히 산모와 신생아의 희생이 심한 편인데 이를 줄이기 위하여 우리나라의 대형 교회와 독지가들이 병원을 건립하여 이들의 사망률의 저하에도 기여하고 있다. 더욱이 의과대학을 설립하여 의료인을 양성하고, 미래에는 이들 현지 의사들에게 이 일을 위임할 계획이다.

　또 대학을 세워 고등교육을 통해서 국민들의 의식 수준을 높이고, 인간다운 삶을 영위하도록 하고 해당 국가에서 필요로 하는 전문 지도자를 양성하여 국가를 위해서 헌신하도록 하였다. 지금 아프리카에는 탄자니아에 국제연합대학, 가나에 가나국립대학, 우간다에 쿠미대학이 있으며, 이들은 모두 PAUA의 회원대학이다.

　더욱이 정정(政情) 불안으로 비상사태가 선포된 나라들과 개발 독재국가들의 민주화에도 경제 부흥과 민주화를 동시에 이룩한 우리나라가 그 모델이 되고 있다. 이렇게 보면 아프리카에 대한 또 다른 유형의 한류가 점점 거세지고 있는 형편이다.

잔지바르의 노예 시장

아프리카 동부 지역의 인도양 연안국 탄자니아에 다녀왔다. 아프리카행 국적기의 직항로가 있었지만, 전염병 때문에 휴항 상태여서 타국의 몇 항공편을 이용하자니 비행시간보다 더 긴 대기시간은 육체를 더 지치게 했다. 그러나 이집트 이외의 아프리카에는 첫 여행이어서 들떠 있는 마음을 억제하지 못했다.

범아시아 아프리카대학협의회의 심포지엄이 예정되어 있는 탄자니아의 경제 수도인 다르에스살람에서 여장을 풀었다. 아랍어로 '평화의 항구'라는 뜻을 가졌다고 한다. 행사장인 탄자니아 연합대학에서 거행된 개회식장에는 한국과 탄자니아 양국 국기가 정면에 서 있고, 탄자니아 교육부 장관과 대한민국 대사가 참석하고, 몇몇 탄자니아 학자들과 20여 명 회원이 참석하였다. 그리고 180여 명의 대학 교수들과 그 가족들이 자리를 함께하였으며, 탄자니아 국가와 애국가가 차례로 연주되었다.

그런데 탄자니아 국가는 가히 찬송가 수준이다. 그 1절은,

"신은 아프리카와 그 백성들을 축복하신다
신이여 아프리카와 그 백성들을 축복하소서"

이고, 2절은,

"신은 탄자니아와 그 국민들을 축복하신다
신이여 탄자니아와 그 국민들을 축복하소서"

등의 내용이다.

종교는 기독교가 40%, 이슬람교가 30%이고 토속 종교가 30%의 분포로 되어 있지만, 그 흔한 종교 간의 갈등 하나 없는 나라라고 한다. 확인된 것은 아니지만 듣기로는 대통령 직을 기독교인과 무슬림이 교대로 10년씩 담당하고 있는 것을 보면, 정치적으로도 안정이 되어 있는 느낌이었다. 경제적으로도 아프리카의 53개국 중에서 잘 사는 편에 속하는 나라다.

심포지엄을 마친 후에는 지역 탐방이 계획되어 있었다. 환상적인 바다에서 블루 사파리를 경험하고 스톤 타운에서 참혹했던 노예 시장의 유적을 볼 수 있는 잔지바르 지역과 분지의 사파리에서 야생동물들을 보면서 정통 아프리카를 체험했다. 그리고 커피농장을 돌아

볼 수 있는 탄자니아 북부의 응고롱고로 지역과 다르에스살람의 시내 관광 중에서 선택하도록 되어 있어 아내와 함께 잔지바르를 택했다.

20여 명의 일행과 함께 잔지바르 행 비행기를 타려고 공항으로 나갔다. 3대의 경비행기에 나누어 타고 약 1시간 20분간의 비행 끝에 연안에서 35km가량 떨어진 인도양에 위치한 아름다운 섬 잔지바르에 도착했다. 그런데 잔지바르의 도착지 공항에서 외국에 입국할 때처럼 입국 수속을 하란다. 처음에는 잔지바르가 탄자니아의 한 부속 섬인 줄 알았는데, 나중에 안 일이지만, 탄자니아는 본토 탕가니카와 펨바섬을 포함한 잔지바르가 연방공화국을 이루고 있었다. 탕가니카는 현 탄자니아의 대부분을 차지하며, 그레이트 리프트 밸리에서 인도양까지의 지역이다. 탄자니아가 탕가니카의 탕과 잔지바르의 잔이 어우러진 말이란다.

블루 사파리를 체험하기 위하여 모터와 닻을 번갈아 가면서 이용하는 목선을 탈 계획이었다. 물이 얕아서 해안에서 먼 거리에 있는 배를 타려고 모두들 바지를 걷어 올렸지만 출렁거리는 바닷물에 바지를 거의 다 적시고, 고르지 못한 바닥에서 겨우 균형을 잡고 간신히 배에 올랐다. 시끄러운 모터 소리와 함께 목선이 파도를 가르면서 신속히 앞으로 나아갔다. 시원한 바람에 머리카락이 휘날리고, 배 좌우에서는 돌고래들이 쏜살같이 달려가며 이름 모를 바닷새들의 비행이 우리를 반겨 주었다. 2시간쯤 지났을까, 가까이에 맑고 푸른 하늘과 조화를 이루는 진한 코발트색 바다 한가운데 모래섬이 보였다. 그 주변이 블루 사파리를 체험할 수 있는 곳이다.

선원이 나누어 주는 물안경, 구명조끼, 오리발 등을 착용하고, 약간은 쌀쌀한 기온에도 불구하고 물속으로 뛰어 들어갔다가 얼마 후에 다시 배로 돌아온 일행들의 이야기로는 형형색색의 물고기들이 노닐고 아름다운 산호들이 춤을 추고 있었다고 한다. 모래섬에서 탄자니아 전통음식으로 점심을 즐기고, 서둘러 다음 목적지 스톤 타운으로 이동하였다. 여기가 악명 높은 흑인 노예 시장이 있었던 곳이다. 입구에 땅 아래쪽에 5명의 흑인 노예 석상을 세우고 그중 4명은 목 주위로 쇠사슬로 엮어 놓아 이곳이 노예 시장이었음을 말해주고 있었다. 지하에 팔려 가기 이전의 흑인들을 가두어 놓은 좁은 창고가 있었는데, 수용 인원의 몇 배를 수용했다고 한다. 값을 책정하기 위하여 지하에서 흑인을 끌어내다가 채찍으로 때려서 잘 견디면 고가를 책정하고 그렇지 않으면 다시 가두는 일을 반복했다는 것이다. 병이 들면 바다와 접한 바닥을 열고 떠내려 보냈다고 한다.

흑인 노예 무역은 향신료 재배에 알맞은 기후를 가진 잔지바르를 오만이 통치할 때 곳곳에 향신료 농장을 세우고 향신료 생산에 필요한 인력을 공급하기 위하여 시작되었다. 1806년에서 67년간 매년 15,000명의 흑인 노예가 거래되었다고 한다. 영국의 리빙스톤 선교사의 노력으로 노예 제도가 폐지된 것을 기념하기 위하여 그 자리에 영국의 앵그리칸 기념 교회가 세워져 있었다. 노예 시장의 흔적을 뒤로하고 나오니 인간이 이렇게까지 악해질 수 있을까 싶어 씁쓸한 감정을 주체할 수 없었다.

체코, 헝가리 역사 투어

　우리 일행은 한때 공산주의 국가이었던 체코와 헝가리 관광여행 길에 나섰다. 모두가 처음인 체코와 헝가리 여행이기에 대부분 약간은 긴장하고 있었다. 인천공항에서 체코의 수도 프라하로 떠났다.

　프라하에는 블타바강이 시내를 가로지르며 유유히 흐르고 있었다. 프라하의 아톨 호텔에 여장을 풀고 체코에서의 첫 밤을 보냈다. 중세 역사 투어에 대한 기대감으로 즐거움이 앞섰다. 프라하성, 바츨라프 광장 등 여러 곳이 우리들을 기다리고 있었다.

　프라하성은 9세기에 건설된 성으로, 지금의 모습으로 완성된 것은 14세기였고, 16세기 말에는 궁정을 이 성에 두어 전성기를 맞았다. 1918년 체코슬로바키아 공화국이 성립되면서 이 성을 대통령 관저로 사용하였다. 성 안에는 대성당과 기념탑, 정원 등이 있었다.

　프라하 성 안에 있는 성비트성당은 프라하를 대표하는 대성당이다. 1926에 건축하기 시작하여 3년 만에 완성된 대성당으로, 세 개의 첨탑 중 가장 높은 것은 거의 100m에 가깝다. 황금 소로도 프라하 성 안에 있는 하나의 골목인데, 알록달록한 색채를 가진 조그만 집들이 이어지고 있는 길이다. 금박의 장인이 여기에 살았다고 하여 황금이라는 말이 붙었다고 한다. 지금은 선물 가게로 사용하고 있으며 관광객들이 붐볐다.

카를교는 프라하성과 구시가지를 연결하는 돌다리로, 블타바강의 다리 중에서 가장 오래되었는데, 1357년 카를 4세의 명령으로 건립하기 시작하여 45년 만에 완공되었다. 돌다리는 16개의 아치가 떠받들고 있으며, 다리 위에는 30여 개의 성인상이 있어 좋은 볼거리로 살아 있는 역사의 숨결을 느끼게 한다.

천문시계는 프라하의 오랜 역사를 새겨놓은 시계이다. 천동설에 기초해 만들어졌다는 이 시계에는 죽음의 신을 상징하는 해골, 번뇌를 나타내는 악기를 가진 남자, 허영을 표시하는 거울의 청년, 욕심을 상징하는 금 자루를 쥐고 있는 남자 등이 설치되어 있다. 해골이 줄을 당겨 종을 울리고 왼손의 모래시계를 거꾸로 놓으면 맨 위의 창이 열리고 12명의 예수의 사도가 등장하여 이들이 한 바퀴 돌면 닭이 울고 종이 울린다.

바츨라프 광장은 1348년 카를 4세가 프라하의 신시가지에 조성한 시장의 전신인데, 말 시장이라고도 불렸다. 지금은 대형 광장이 되었고 성 바츨라프의 이름을 붙였으며, 프라하 시민의 집회 장소로도 유명하다. 1989년 11월의 혁명 때에는 수십만의 프라하 시민이 모였었다.

체코의 프라하를 떠나 약간은 긴 자동차 여행 끝에 헝가리의 수도 부다페스트에 도착했다. 부다페스트는 남북으로 흐르는 도나우강을 중심으로 서쪽 지역의 '부더'와 동쪽 지역의 '페슈트'의 합성어로 역사의 영욕을 고스란히 간직하고 있는 고도이다.

부다 왕궁은 도나우강의 우편 부더 지역의 작고 높은 요새에 있다. 이 요새는 전체가 성벽에 둘러싸여 있으며 세계문화유산으로도 지정되어 있다. 왕궁 주위에는 방어벽이 설치되어 있어 파란만장한 헝가리의 역사를 잘 나타내고 있다. 이 요새는 13세기에 지어져, 14세기를 지나면서 외적이 침범했을 때 왕족들의 피신처가 되었다. 헝가리의 황금기인 15세기에 화려한 르네상스 양식으로 재건되었으나, 16세기와 17세기를 지나면서 화재와 전쟁 등, 참화가 거듭되었다. 20세기 중반에서야 지금의 신고전주의 양식으로 왕궁의 자태를 나타내었다.

마차시교회는 처음에 로마네스크 양식으로 건설되어, 마차시왕 시절에 높은 고딕식 첨탑이 첨가되면서 마차시교회라 불렸다. 16세기에 외적의 침략을 받아 한 때 이슬람 사원으로 사용되기도 했으나, 18세기에 이르러 바로크 양식의 그리스도교 교회로 회복되었다.

젠텐드레 마을은 이민족의 침략과 공산주의 통치 등으로 상처 입은 헝가리 국민들의 생활상을 잘 보여주는 민속공예 마을이다.

국회의사당은 1884년에 건축이 시작되어 20년이 걸린 도나우 강변에서 가장 아름다운 건물이다. 르네상스 양식의 돔과 고딕 양식의 크고 작은 첨탑의 혼합 양식 건물이다. 돔 아래홀에는 역대 국왕들의 조각상이 있는 기둥들이 줄지어 서 있다.

　겔레르트 언덕은 도나우 강변의 아름다운 건축물과 경치를 한눈에 조망할 수 있는 최적의 장소이다. 겔레르트는 11세기 초에 초대 국왕이 왕자의 교육을 위해서 초빙한 이탈리아 수도사로, 그의 동상이 이곳 언덕에 있다. 겔레르트는 헝가리에서 기독교를 전하다가 폭도들에 의해서 산채로 와인 통에 갇혀 이 언덕에서 도나우강에 던져져 순교했다는 설화도 있다.

　부다페스트는 특히 야경이 아름다웠다. 겔레르트 언덕 정상이 오렌지색으로 물들여질 때 날이 저물기 시작하여 해가 완전히 넘어가기 직전, 불빛이 드문드문 나타나는 무렵에 그 절정을 이룬다. 특히 페슈트 지역에서 바라본 부더 왕궁과 마사치 교회의 야경은 일품이었다.

프라하에서 비엔나로

블타바강이 시내를 가로질러 유유히 흐르는 프라하에 도착하여 당시 전화도 TV도 없었던 '아톨' 호텔에서 여장을 풀고 프라하에서의 첫 밤을 맞이했다. 다음 날 종일 중세의 역사 투어에서 프라하성, 성 비트성당, 황금 소로, 카를교, 천문시계, 바츨라프 광장 등을 둘러보면서 기쁨을 만끽했다.

프라하성은 9세기에 건설되었으며, 지금의 모습으로 정비된 것은 14세기였다. 16세기 말에는 궁정을 이 성안에 둠으로써 성은 번성하여 전성기를 맞았다. 얼마 후 궁정을 오스트리아의 비엔나로 옮긴 후로는 점점 쇠퇴해져 갔으나 1918년 체코슬로바키아 공화국이 성립되면서 대통령 관저로 사용하였으며, 구 궁정은 지금도 대통령의 집무실과 영빈관으로 사용하고 있다. 이 성 안은 마치 하나의 도시와 같아서 대성당, 기념탑, 정원 등이 있다.

성비트성당은 프라하성 안에 있으며, 프라하를 대표하는 대성당이다. 926년에 건축하기 시작하여 1929년에야 비로소 완성된 대성당으로, 길이 124m, 너비 60m, 천장의 높이 33m이고, 3개의 첨탑이 있는데 그중 가장 높은 것은 96.5m이다.

황금 소로는 프라하성 안에 있는 하나의 골목으로, 색채가 있는 조그만 집들이 나열 이어 있는 길이다. 성의 보초병들의 숙소로 지은 것으로, 한 층의 높이가 1m가량 되는 집인데, 금박의 장인이 여기에 살았다 해서 '황금'이라는 말이 붙었다고 한다. 지금은 15채 정도만 남아 있어서 선물 가게로 이용되고 있으며, 관광객들이 붐비고 있다.

카를교는 구시가와 프라하성을 연결하는 다리로, 블타바강의 다리 중에서 가장 오래된 것이다. 1357년 카를 4세의 명령으로 건설하기 시작하여 1402년에 완공되었다. 16개의 아치가 떠받치고 있는 이 돌다리는 길이 516m, 너비 9.5m로, 다리 위가 하나의 마을이다. 다리 위에는 프라하의 성인들의 조각상을 위시하여 30개의 성인상이 있어 좋은 볼거리다.

천문시계는 프라하 구시청사에 설치된 시계로, 프라하의 오랜 역사가 새겨져 있는 시계이다. 천동설에 기초해 만들어졌다는 이 천문시계는 년월일, 시간, 일출, 일몰, 월출, 월몰 등을 나타낸다. 이 시계에는 죽음의 신을 상징하는 해골, 번뇌를 나타내는 악기를 가진 남자, 허영을 표시하는 거울의 청년, 욕심을 상징하는 금 자루를 쥔 남자 등이 설치되어 있다. 해골이 줄을 당겨 종을 울리고 왼손의 모래시계를 거꾸로 놓으면 맨 위의 창이 열려 12명 예수의 사도가 등장하고 이들이 한 바퀴 돌면 닭이 울고 종이 울린다.

바츨라프 광장은 1348년 카를 4세가 프라하의 신시가지에 조성한 중앙시장이 전신이다. 말시장이라 불려지기도 했는데, 이는 이곳에서 말과 곡물이 주로 거래되었기 때문이다. 지금은 길이 700m, 너비 60m의 대형 광장이 되었으며, 성 바츨라프의 이름을 따르게 되었다. 이 광장은 프라하 시민의 집회 장소로 유명하다. 1989년 11월의 혁명 때에도 수십만의 프라하 시민이 모였다. 최근에는 프라하 시민의 만남의 광장이 되었으며, 그 주변에는 호텔, 레스토랑 등 편의시설이 많아 프라하에서 가장 활기찬 곳으로 정평이 나 있다.

프라하에서의 아쉬움을 남긴 채 아침 일찍 오스트리아의 비엔나로 향했다. 오후에 비엔나에 도착한 일행은 늦은 점심을 들고 부슬비가 조용히 내리는 가운데 쇤부룬 궁전, 왕궁, 케런터너 거리와 '음악가의 무덤' 등을 돌아보았다.

쇤부룬 궁전은 왕족 합스부르크가의 여름 별궁이었다. '아름다운 샘'이라는 뜻을 가진 쇤부룬은 17세기 초, 황제가 이곳에 있던 사냥터에서 아름다운 샘을 발견한데서 유래되었다. 17세기 말에 프랑스의 베르사이유 궁전을 본떠서 짓기 시작하여 18세기 중엽에 완성하였는데, 왕후의 살롱, 근위병의 방, 엘리자베트의 욕실 등, 1,441개의 방을 가진 대궁전이 되었다.

왕궁(호프부르크)은 13세기에 최초로 세워졌는데, 역대의 군주들이 증축에 증축을 거듭하여 각기 다른 양식 건물들의 거대한 집합체가 되었다. 15세기 전반에 왕궁 교회가, 18세기에 황제의 거처, 스페인

승마학교와 국립도서관이 건립되었고, 미술관, 광장 등도 있다.

　케른터너 거리는 보행자 전용 거리로, 비엔나에서 가장 번화한 도로이다. 고급 선물상점, 부티크, 레스토랑, 카페들이 늘어서 있다. 국립 오페라 하우스도 이곳에 있다.

　'음악가의 묘지'에는 입구에 가까운 지역에 베토벤, 슈베르트, 브람스, 그리고 요한스트라우스 부자가 잠들어 있어 옷깃을 여미게 했다. 음악의 도시 비엔나에도 정치적으로는 슬픈 사연이 있었다. 1898년에 엘리자베트 왕후가 암살되어, 비명에 간 그를 추념하는 분수가 물줄기를 뿜어댔다.

　시내에서 떨어진 200여 년 전통의 식당인 '그린징'에서 저녁식사를 하고 음악의 도시 비엔나에서 어떤 모양의 음악 공연이라도 관람해야 한다는 생각으로 촉박하게 수소문한 결과, 다행히 '요한 스트라우스 기념관'에서 왈츠 무용과 함께 왈츠 곡을 연주하는 정기공연을 관람할 수 있었다. 왈츠의 황제라 불리는 요한 스트라우스는 비엔나 태생으로, 그가 작곡한 비엔나 특유의 '비엔나 왈츠'의 무용과 연주를 감상하였다. 감동 그 자체이었다. '요한 스트라우스 기념관'은 1867년에 '아름답고 푸른 도나우'를 작곡한 곳이며, 그가 사용했던 가정용 오르간과 가구 및 악보 등을 전시하는 기념관이 되기도 하였다. 이곳에서 연주하는 정기공연은 요한 스트라우스 이래 날씨나 관객수에 관계없이 한번도 빠짐없이 매주 계속되고 있다는 후문이다.

부다페스트에서 잘츠부르크로

　오스트리아 비엔나를 뒤로하고 헝가리 부다페스트로 이동하는, 약간은 긴 자동차 여행에 피로가 찾아왔다. 그러나 요한 스트라우스의 '비엔나 왈츠'의 무용과 연주의 여운이 뇌리에 남아 있어 즐겁기만 하였다.
　부다페스트는 남북으로 흐르는 도나우강을 중심으로, 서쪽의 '부더' 지역과 동쪽의 '페슈트' 지역을 통합하여 지은 이름인데, 역사의 영욕을 고스란히 간직하고 있는 고도이다. 곧장 부다 왕궁과 마차시 교회로 향했다.
　부다 왕궁은 도나우강의 오른쪽, 부더 지역에 위치한 작고 높은 요새에 있다. 이 요새는 높이 167m, 길이 1500m, 너비 300m로 전체가 성벽으로 둘러싸여 있으며, 세계문화유산으로 지정되어 있다. 왕궁 주위에는 방어벽이 설치되어 파란만장한 헝가리의 역사를 잘 나타내고 있다. 이 요새는 13세기에 지어져, 14세기를 지나면서 외적이 침입했을 때 왕족들의 피신처로 실질적인 궁정이 되었다. 헝가리의 황금시대인 15세기에 화려한 르네상스 양식으로 재건되었으나, 16세기와 17세기를 지나면서 화재와 전쟁 등, 참화가 거듭되었다. 20세기 중반에 이르러서야 왕궁이 지금의 신고전주의 양식으로 그 자태를 들어내었다. 현재 왕궁에는 국립갤러리, 부다페스트 역사박물관, 도서관 등이 있다.

마차시교회는 처음에 로마네스크 양식으로 건설되었으나, 14세기에 현재의 고딕 양식으로 변경되었으며, 마차시왕 시절에 80m의 고딕 탑이 첨가되면서 '마차시교회'라 불리어졌다. 16세기에 외적의 침략을 받아 한때 이스람 사원으로 사용되기도 했으나 18세기에 바로크 양식의 그리스도 교회로 회복되었다. 왕의 대관식이 거행되기도 했던 이 교회의 특징은 벽, 천장, 기둥 할 것 없이 내부가 세밀하게 채색된 풍부한 색채감이다. 스테인드글라스에는 19세기 말의 헝가리의 대표적인 화가의 작품도 있다. 헝가리에서 가장 아름답다는 주제단은 황금색으로 빛났다. 이 교회에는 왕비의 석관이 안치되어 있고, 국왕의 유품, 교회의 장식품 등이 보관되어 있다.

현지 레스토랑에서 저녁식사를 하고 부다페스트 엑스포 회장 근처의 '엑스포 호텔'에 숙소를 정했다. 부다페스트에서의 하룻밤의 휴식은 어제까지 쌓였던 피로를 풀기에 충분하였다.

다음 날도 부다페스트에서의 관광은 계속되었다. 오전에는 민속공예마을인 젠텐드레를 둘러보며, 이민족의 침략과 공산주의 통치 등으로 헝가리 국민들의 상처 입은 생활상들을 보게 되었다. 오후에는 칼텐베르에서 중식을 한 후 관광 명소인 도나우 강변의 국회의사당과 도나우강을 조망할 수 있는 겔레르트 언덕을 돌아보았다. 국회의사당은 1884에 건축이 시작되어 완공하기까지 20년이 걸린, 도나우 강변에서 가장 아름다운 건물이다. 르네상스 양식의 돔이 있는 건물로 지어졌으나 고딕 양식의 크고 작은 첨탑을 배치한 절충식의 양식이다. 내부의 정면에 있는 큰 계단에는 금박으로 장식된 기둥 사이로 붉은 융단이 깔려 있고 돔에까지 이어져 있다. 돔 아래 홀에는 역대 국왕들의 조각상이 있는 기둥들이 줄지어 서 있어서 큰 계단의 붉은 융단과 함께 그 화려함을 더해준다.

 겔레르트 언덕은 도나우 강변의 아름다운 건물들과 경치를 한눈에 조망할 수 있는 가장 좋은 곳이다. 높이 235m인 이 언덕에는 그 꼭대기에 소련 병사들의 위령비가 있고 이름의 유래가 된 성 겔레르트 동상이 있다. 겔레르트는 11세기 초에 초대 국왕의 왕자의 교육을 위해서 이태리에서 초빙된 수도사였다. 그는 헝가리에서 기독교를 전하다가 이를 반대하는 폭도들에 의해 산 채로 와인 통에 갇혀 이 언덕에서 도나우강에 던져졌다는 설화가 있다.

 석식을 마친 뒤 그런 슬픈 이야기를 담고 있는 도나우강에서 대형 선박의 야경 크루즈로 부다페스트의 아름다운 밤의 경치를 감상하였다. 부다페스트는 특히 야경이 더 아름답다고 생각했다. 야경은 겔레르트 언덕의 정상이 오렌지색으로 물들여질 때, 날이 저물기 시작하고 해가 완전히 넘어가기 직전, 시가지의 불빛이 드문드문 나타나기 시작하는 무렵에 그 절정을 이룬다. 특히 페슈트 지역에서 바라본 왕궁과 마사치 교회의 야경은 일품이다.

　헝가리의 부다페스트에서 다시 오스트리아로 들어와 제2의 도시 그라쯔로 향하기 위하여 한식점에서 마련한 도시락을 지참하여 아침 일찍 부다페스트를 떠났다. 도중에 어떤 대형 슈퍼마켓 옆에서 준비해 간 도시락으로 점심을 먹고, 그라쯔에 도착하여 중앙역 옆의 IBIS 호텔에 여장을 풀었다. 닭요리 전문 식당에서 저녁을 먹고 도보로 시내 관광에 나섰다. 시청사, 무어강, 인공섬을 돌아보고, 그라쯔 시내를 내려다 볼 수 있는 고성(古城)도 관광하였다.

　시간에 쫓겨 급하게 그라쯔를 출발하여 독일과의 국경도시이며 모차르트의 생가가 있는 잘츠부르크에 도착하였다. 이어 미라벨 정원, 모짜르트의 생가를 비롯하여 시내 중심가를 관광하였다. 미라벨 정원은 신시가지에 있는데, 17세기 초에 당시 절대 권력을 가졌던 대주교가 그의 애인을 위해 지은 궁전의 정원이다. 이 궁전은 그 후 뺏고 빼앗기는 우여곡절 끝에 대주교의 별궁으로 사용된 적도 있다. 그러다가 18세기 초에 대규모로 개축되어 미라벨 궁전이라 이름 지었다. 19세기에 화재가 난 후 궁전은 현재와 같이 복원되었으며, 20세기 후반에 시청사가 되었는데, 2층의 대리석 방은 실내악 연주와 결혼식에 이용되었다. 이 정원에는 계절에 따라 여러 가지 꽃들이 피고 그리스신화에 나오는 조각상들과 분수로 항상 화려한 분위기를 유지하고 있다. 지금도 섬세하게 남아 있는 유럽의 중세 문화에 깊이 빠져있었다.

잘츠부르크에서 루째른으로

　동유럽을 여행하는 중에 체코의 프라하, 오스트리아의 비엔나, 헝가리의 부다페스트를 경유하여 다시 독일과의 국경도시인 오스트리아의 잘츠부르크에 도착하였다. 여기에는 모차르트의 생가가 있는 고장이다. 모차르트 생가는 구시가지의 번화가인 게트라이데가세에 위치하고 있다. 모차르트는 1756년 1월 27일 이곳에서 탄생했다. 지금은 어린 시절에 사용했던 바이오린, 건반 악기, 악보, 초상화, 편지 등이 전시되어 있고, 그래서 모차르트의 박물관으로 일반에 공개되고 있다. 구시가지의 모차르트의 생가를 비롯하여 모차르트 광장과 신시가지의 모차르트의 집 그리고 모짜르테움 등 도시 전체가 모차르트에게 푹 파묻혀 있는 듯하였다. 역사적으로 유명한, 세계적인 한 음악가로 인하여 오스트리아 특히 잘츠부루크가 그 혜택을 톡톡히 누리고 있다.

이날 게트라이데가세에는 비가 내리고 있었다. 카페, 레스토랑, 기념품 상점 등에는 비의 예보에 접하지 못해서 미처 우산을 준비하지 못한 관광객들이 비를 피하느라 발 디딜 틈도 없이 붐비고 있었다. 이 거리에는 거리로 뻗어 나온 철제 세공품인 돌출 간판이 유명하다. 상점마다 갖가지 아이디어가 깃들어 있어서 독특한 아름다움을 나타내고 있었다.

잘츠부르크에서 잘츠캄머굿으로 이동하였다. 소금의 영지라는 뜻을 가진 잘츠캄머굿은 잘츠부르크의 동쪽 일대에 펼쳐진 산악 지대이다. 한때 암염 광맥으로 번창하였으나 근대화 과정에서 광맥이 끊어져 폐광이 되고, 지금은 아름다운 경관만이 관광객을 부르고 있다. 처음 계획으로는 케이블카에 탑승하여 높이 2km 되는 산들로 둘러싸인 이 지역을 돌아볼 예정이었으나, 심한 안개 때문에 포기하고 몬트제 호수에서의 선상 유람으로 계획을 변경하였다. 이 호수의 호반에 위치한 교구 교회는 특히 영화 '사운드 오브 뮤직'에서 주인공 대령과 마리아의 결혼식 장면을 촬영한 곳으로 유명하다. 선상 유람을 하는 동안 오스트리아에서 성악을 전공한다는 한국 학생 가이드의 '뱃노래'는 선상 유람의 분위기를 더욱 무르익게 했다.

잘츠캄머굿을 떠나 인스부르크로 이동하였다. 시내에서 마리아 테레지아 거리, 황금 지붕 등을 관광하였다.

마리아 테레지아 거리에는 거리의 관문이라 할 수 있는 개선문이 있다. 이는 여왕 마리아 테레지아가 아들의 결혼을 축하하여 건설한 것인데, 건설 도중 남편이 급서했기 때문에 그 문에 '생과 행복' 그리고 '죽음과 슬픔'을 상징하는 조각물이 새겨져 있다. 이 거리의 중심에는 하늘 높이 솟은 흰 대리석의 성안나 기념탑이 서 있다.

황금지붕은 15세기 초에 황제가 유럽에서 모여든 상인들에게 자신의 권력을 과시하기 위해서 2,657개의 금박으로 궁정의 지붕을 입힌 것으로, 밤이 되면 더욱 화려하게 빛나서 황금지붕이라 불렀다.

음악의 나라 오스트리아에 아쉬움을 남기고 부러움을 간직한 채 스위스의 루쩨른으로 향했다. 루쩨른에서 스위스의 대표적인 요리인 '미트 퐁뒤'로 식사하였다. 미트 퐁뒤는 스위스 서부의 대표적인 요리이다. 쇠고기를 주사위 모양으로 잘라서 막대기에 꽂아 샐러드 오일에 튀기고 각종 양념을 바른 후 백포도주를 곁들여 먹는 요리라고 한다.

루쩨른에서 제네바로 떠났다. 레만호와 '영국 정원' 등을 둘러보았다. 프랑스와의 국경 지역에 있는 레스토랑에서 저녁 식사를 하고 제네바 시내의 '코르나빈' 호텔에 여장을 풀었다.

제네바를 출발하여 융프라우 관광의 기점인 인터라켄으로 이동하였다. 도착하자마자 또 '미트 퐁뒤'로 맛있는 식사를 하는데, 한 필리핀 식당 종업원이 태극기를 흔들고 '대한민국 짝짝짝'을 외치면서 춤추는 모습이 분위기를 한층 즐겁게 했다.

인터라켄 오스트역에서 오후에 등산 열차로 융프라우의 정상을 향하여 출발하였다. 젊은 여인이라는 뜻을 가진 융프라우는 해발 3,454m로 유럽에서 가장 높은 봉우리 중의 하나다. 열차의 차창 밖에 펼쳐지는 은백색의 산봉우리와 빙하가 장관이다. 융프라우 정상에서 바라보는 알프스의 경관을 보고는 감탄을 금할 수 없었다. 얼음 동굴을 지나고 리프트로 정상에 올라 만년설을 밟으며, 강풍에도 불구하고 거기 꽂아 놓았던 적십자의 스위스 국기 아래서 기념촬영을 하였다. 강풍에 놓친 모자가 만년설에 미끄러져 깊은 계곡으로 멀어져 갔다.

인터라켄에서의 일정을 다 보내고 다시 루쩨른으로 되돌아왔다. 루쩨른에서는 부클러 상점에서 회전용 황금색 탁상시계를 비롯한 쇼핑을 하고, 빈사의 사자상, 카펠교를 관광하였다. 부클러 상점에서 사 온 시계는 지금도 변함없이 좌우를 교대로 회전하면서 움직이고 있다.

빈사의 사자상은 한적한 곳의 암벽을 뚫고 조각한 것으로, 부러진 창의 공격을 받아 거의 죽은 상태로 누워 있는 사자의 석상이다. 창의 한 조각은 허리에 꽂혀 있고 다른 조각은 두 방패와 함께 괴로운 표정으로 누워 있는 사자 곁에 있다. 1824년에 완성한 작품으로, 사자 석상의 길이가 9m에 이른다. 생명을 걸고 용병의 소임을 다한 스위스 용병들을 기리기 위하여 후손들이 만든 것이다. 그 사자상 위쪽에는 '헬베티아의 충성심과 용감성'이라는 글이 라틴어로 새겨져 있다. 헬베티아는 스위스를 말한다.

카펠교는 피어발트슈테터 호수에 연한 로아스강의 상류에 비스듬히 놓인, 지붕이 있는 길이 200m의 다리이다. 1993년의 화재로 재건축된 다리의 난간에는 가지각색의 꽃들이 있는데 그 야경은 보다 아름답고 낭만적이다.

귀국을 앞두고 취리히로 이동하였다. 취리히 호수를 마지막으로 관광하고 유럽에서도 손꼽히는 현대적 시설을 갖춘 취리히 공항에서 인천행, 우리 국적기에 몸을 싣고 네덜랜드의 암스텔담을 경유하여 귀국길에 올랐다.

남미의 여정

 우리 일행이 남미 대륙에 첫발을 내디딘 것은 이른 새벽녘이었다. 잠이 덜 깬 관계자들의 뜨거운 환영 속에서 전 남미의 경제, 문화, 예술 중심의 근대도시 브라질의 쌍파울로에 여장을 풀었다. 고층 빌딩들의 숲과 십자형 도로의 교차 지점인 '세(Se)'광장이 균형을 이루고 볼거리가 많은 '세'광장 주변에서 대표적인 것으로 천주교 국가답게 대성당이 꼽힌다. 브라질의 역사를 그려 놓은 스테인드글라스가 아름다웠다. 40여 년간 건축한 이 성당의 수용 인원은 약 8천 명으로, 고딕식의 정면 좌우 첨탑은 보는 이들을 압도한다.
 해외여행은 한 시간이 아깝고 귀하기 때문에 하루의 일정을 자연히 새벽에 시작하여 저녁 늦게 끝내게 된다. 남미의 첫 밤을 보내고, 일찍감치 토요일 새벽에 남쪽으로 약 75km 떨어진 산토스로 이동했다. 이곳은 쌍파울로 사람들에게 사랑받는 주말의 휴양지이자 커피를 포함한 브라질 최대의 무역항이다. 넓고 푸른 대서양의 바다와 끝없이 펼쳐진 부드러운 모래사장과 시원한 해풍으로 어우러진 산토스의 해변은 세상 풍진에 오염된 사람들의 마음을 시원하게 한다. 해변의 한 식당 일파로에서 망망대해로 이어지는 해변을 바라보면서 특산 해물 요리로 점심을 즐겼다.

다음 목적지는 1960년 이전까지 브라질의 수도였던 리우데자네이루이다. 경관이 빼어난 과나바라만 때문에 세계 3대 미항의 하나로 손꼽히는 이곳의 이름은 1월의 강이라는 뜻이란다. 국제 관광도시로서의 조건으로 강과 산과 바다가 있어야 하는데, 산과 바다는 있으나 강이 없는 이곳은 도시의 이름에 강의 이름을 포함시켜 국제 관광도시로서의 조건을 충족시켰다는 것이다.

리우데자네이루에는 비가 오고 있었다. 아름다운 바다의 경관도 코르코바도 언덕의 웅장한 그리스도상도 아스카르섬의 돌기 부분도 모두 엷은 안개 장막 속에 희미하게 가리어져 있다. 해발 약 710m의 코르코바도 언덕의 정상에 세운 웅장한 그리스도상은 시내와 저 멀리 바다를 향하여 축복하고 있는 모습이다. 그 모습에 압도되고 만다. 맑은 날에 해안에서 그리스도상을 보면 낮에는 햇빛을 받아 백색의 십자가 같고, 밤에는 불빛을 받아 어둠 속에서 공중에 떠 있는 모습이다. 때로는 공포감을 느끼게 하기도 한다.

아스카르섬은 한쪽 끝이 럭비공이 불쑥 튀어나온 것과 같은 기이한 모습이다. 해발 400여m의 정상까지는 섬 기슭의 프라이아 벨메라역에서 케이블카를 타고 우르카 언덕으로 가서 또 다른 케이블카로 바꾸어 타고 간다. 그런데 안개 자욱한 궂은 날씨 속에서 날이 저물어 정상까지의 길을 포기하고, 우르카에서 안개 속에 희미하게 보이는 정상의 돌기 부분만을 바라보았다.

다음 날에는 브라질의 휴양지로 유명한 캄포스 도 조르덩(Campos do Jordao)으로 이동하였다. 이곳은 우거진 밀림 사이로 드문드문 별장이 서 있다. 마치 스위스의 몽블랑 산록의 휴양지를 연상케 한다. 듣기로는 유럽의 휴양지 사업자의 투자로 이곳에 휴양지가 조성이 되었다고 한다.

그동안의 꽉 짜여진 여행 일정으로 피로해진 심신을 다소나마 풀기 위하여 벽난로가 붙은, 운치가 있는 유럽풍의 별장인 홈그린 홈 호텔에 여장을 풀었다. 인간 세상의 분진과 소음을 털고 살기 위한 아귀다툼을 잠시 접고 푸른 숲과 바위 그리고 맑은 공기와 구름을 아우르는 등, 자연을 벗 삼아 사는 것이 얼마나 소중한 것인지를 알 수 있을 것 같다. 여가 문화에 서툰 우리들에게는 좀 생소하기는 하지만 말이다. 벽난로에 불을 지폈다. 온기가 뼛속 깊이 스며들었다.

남미 여정의 극치는 역시 이과수 폭포일 것이다. 과루로스 공항에서 출발하여 약 2시간 만에 파라과이와의 국경도시 이과수 공항에 도착하였다. 그런데 이과수 공항으로 비행기가 강하하면서 이과수 폭포 상공을 회전하고 있었다. 눈 아래에 펼쳐지는 백색의 이과수 폭포는 그 사이사이 녹색의 숲과 함께 조화를 이루어 아름다움의 극치를 이룬다. 나중에 안 일이지만, 좀처럼 보기 힘든 광경을 폭포 상공을 회전하면서 보게 된 것은 조종사가 서울로 운항하던 브라질 항공의 조종사이었던 것이 인연이 되어 우리 일행의 브라질 방문 목적을 전해 듣고 특별히 베푼 배려 덕분이었단다.

이튿날 우리 일행은 부푼 가슴을 안고 이과수 폭포 쪽으로 이동하였다. 이과수(Iguacu)는 원주민 인디오 언어로 폭포라는 뜻인데, 물이라는 이구와 장대한 것에 대한 감탄사인 아수와의 합성어라고 한다. 크고 작은 3백여 개의 폭포에서 떨어지는 물소리가 포효하며 으르렁대는 사자 소리 같다고 해도 그 광경을 다 표현할 수 없을 지경이었다. 폭이 약 5km이고 낙차가 100m 이상인 최대 폭포를 소유하고 있는 이과수 폭포는 세계 제일임을 자랑한다. 곳곳에 설치된 전망교에서 낙수의 매력을 느끼기도 하고 산책로를 따라 주위의 폭포를 즐겼다. 갖고 간 우의에도 불구하고 물보라와 물안개에 옷이 흠뻑 젖는 것도 잊은 채 쏟아져 내리는 물의 위용 앞에 넋을 잃고 바라보기도 하였다. 빛에 따라 색깔이 변하는 폭포, 햇빛에 반사되어 무지개를 그리는 폭포, 그리고 다갈색의 물거품을 뿜어대는 폭포 등, 다양한 모습들이어서 자연의 웅장함과 아름다움 앞에 감동을 넘어 공포감마저 느끼면서 옷깃을 여몄다.

우의와 함께 구명대로 무장하여 폭포 낙수의 아랫부분을 지나는 쾌속정에 몸을 맡겼다. 노련한 선장의 곡예 운전에 모두 겁에 질리는 듯했으나 오히려 스릴을 즐기면서 브라질에서의 마지막 일정을 끝내고 다음 목적지 파라과이로 이동하였다.

파라과이 여정

파라과이는 남미의 내륙국으로, 브라질이나 아르젠티나, 칠레처럼 그렇게 익숙한 이름의 나라는 아니다. 내가 출석하는 교회의 전도사님이 선교사로 파송이 되어 있어서 많은 관심을 갖게 된 나라다. 그런데 이런 파라과이가 포함된 남미 여러 나라를 방문하는 페키지 관광의 기회를 갖게 된 것이다.

브라질 관광의 끝자락에 파라과이와의 국경도시 이과수로 가기 위해서 브라질의 과루로스 공항을 출발한 지 약 두 시간 만에 이과수 공항에 도착하였다. 그 곳에는 미리 연락받은 파라과이의 선교사 내외가 마중을 나와 있었다. 멀고 먼 이국땅에서 너무나 감동적인 만남이었다. 이 감동은 기장의 배려로 이과수 공항 상공을 선회하면서 보여준 이과수 폭포의 감동과 함께 배가되었다.

호텔에 여장을 풀 겨를도 없이 이과수에서 약 20km 지점에 건설

된 이타이푸댐을 관광하였다. 이 댐은 브라질과 파라과이가 그들의 국경을 흐르는 파라나강에 공동으로 건립한 것으로, 1975년에 시작하여 약 10여 년 만에 완공한 세계 최대 출력을 자랑하는 수력발전소 댐이다. 전체 18기의 발전 터빈을 가동하여 생산한 전기를 양분하여 사용하기로 했으나, 2기의 발전 양 만으로도 국내 수요가 충분한 파라과이는 나머지를 브라질에 되팔아서 댐 건설 비용으로 충당했다는 이야기다. 웅장한 규모의 콘크리트 축조물인 이타이푸댐을 관광한 후, 이과수의 새 공원을 돌아보고 저녁에는 남미 민속춤을 포함한 볼거리들을 감상하였다.

브라질의 폭포 도시 이과수를 떠나 파라과이의 수도 아순시온으로 향했다. 아순시온은 파라과이의 유일한 대도시며 라플라타강의 지류 파라과이강의 연안에 있다. 바다와 인접해 있지 않는 파라과이는 이곳을 통하여 바다를 향한 유통과 수출이 가능하며, 철도와 도로의 기점이기도 하다.

남미 제국의 국민들은 자국의 신분증으로 쉽게 국경을 넘을 수 있지만, 유독 외국인에게만은 까다로운 여건을 고려하여 브라질 쌍 파울로 소재 파라과이 영사관에서 미리 받아놓은 비자로 어려움 없이 남미의 국민처럼 쉽게 여행을 할 수 있었다. 국경을 오가는, 꼬리에 꼬리를 물고 이어가는 자동차의 행렬과 인파의 행렬이 장관이었다.

일직선으로 나 있는 국도 2호를 달려 오후 2시경에 아순시온에 도착하여 파라과이 주재 한국대사관 초청 오찬회에 참석하였다. 대사를 비롯한 대사관 직원들과 함께한 화기애애한 분위기의 즐거운 오찬 시간이었다. 그 후에 파라과이 아순시온 소재 한국학교 강당에서 한국 교민들과 대화를 나누는 시간을 갖고, 오지와 같은 파라과이에서 꿋꿋하게 살아가는 우리 교민들의 진지한 삶의 이야기들을 들었다. 그들의 환대에 감사하면서 우리나라와는 지구의 반대쪽에 있는 이름도 낯선 파라과이에서도 조국을 위해서 불철주야 수고를 아끼지 않는 대사관 직원들 그리고 교민들이 자랑스러웠다.

아순시온의 인구는 약 70만인데, 우리 교민의 수는 약 6천 정도이었다. 파라과이는 국토가 한반도의 약 2배로, 인구는 약 600만 정도이다. 대국인 브라질과 아르헨티나 그리고 볼리비아에 둘러싸인 나라로, 대규모의 유적이나 웅장함을 나타내는 산도 없지만, 1960년대 우리나라의 농촌 같은 소박하고 여유 있는 모습에서 진한 인간미와 친밀감을 느끼게 했다. 1인당 국민소득은 약 1,500불이고, 종교는 천주교가 약 90%이며 개신교를 포함한 나머지가 약 10%이다.

이과수와 강 하나를 사이에 두고 인접해 있는 파라과이의 제2 도시 시우닷 델 에스테로 이동하였다. 시우닷 델 에스테는 전에는 왕성한 상업 도시이었으나 이웃 대국인 브라질의 경제가 파탄에 이른 후 그 영향을 받아 파라과이의 경제가 마비되다시피 되었다. 한때는 우리 교민들이 1,000여 명에 이르렀으나 최근에는 약 200여 명 정도가 힘겹게 생활 기반을 닦아가고 있는 실정이다. 그런 가운데에서도 우리 교민들의 교회가 3개나 있었다. 라파스 장로교회와 파라나 감리교회 그리고 순복음교회가 그것이다.

귀국 시간이 가까워지고 있어 서둘러 브라질의 쌍 파울로로 귀환하기 위하여 파라과이 국경을 넘어 이과수 공항으로 갔다. 이어서 쌍 파울로에 도착하여 파라과이를 포함 남미의 모든 일정을 마치고 그 이튿날 새벽 지인들의 환송을 받으며 아쉬움을 남긴 채 쌍 파울로 과루로스 공항을 출발하여 귀국길에 올랐다.

더 그리운 백두산

　베를린에서 공연을 가졌던 조수미 성악가의 동영상을 본 일이 있다. 본 공연을 마치고 마지막으로 앵콜의 순서에서 우리 가곡 한상억 시, 최영섭 곡인 「그리운 금강산」을 부르게 되었는데, 부르기 전에 그녀는 단호한 음성으로 "오늘 저의 그리운 금강산의 독창을 끝으로 더 이상 그리운 금강산이 아니라 '즐거운 금강산'이 되기를 바란다."라고 하면서 통일의 염원을 담아 열정적으로 노래했다. 박수가 베를린 시내에 울러퍼지는 것 같았다. 즐거운 금강산이 된 듯한 기분이었다. 그러나 그로부터 오랜 세월이 지났는데도 금강산은 여전히 그리운 금강산으로 그대로 남아 있다. 안타까운 일이다. 금강산은 한동안 열릴 기미가 보였었는데, 남북 관계가 잘못되어 지금도 여전히 길이 막혀 사진으로나 글 이외로는 금강산을 실제로 접해 볼 기회가 없다. 그럴 줄 알았으면 길이 열렸을 때 가 볼 걸 그랬다. 계속 열릴 것이라 생각했지. 그러나 북한이 최근 남북 간 대화장의 상징인 건물을 폭파하는 등, 남북 관계가 더 악화되어 언제 금강산 관광이 재개될지 모르는 형편이 되었다.

나에게는 금강산보다 백두산이 더 그립다. 금강산은 한 번도 경험해 본 적이 없고 허상으로만 머리에 남아 있을 뿐이다. '보고 싶어 애타는 마음'이라는 사전적 의미로서의 '그리움'이라면 비록 중국 땅을 통하여 세 번씩이나 백두산에 가 보았던 경험이 있고 보면 백두산에 대한 그리움은 금강산에 대한 그리움 그 이상이다.

한국 대학에서 교수로 정년퇴임을 하고, 우리 민족이 많이 산다는 중국 연변에 미국 국적의 한국인이 우리 민족의 다음 세대를 위하여 세운 과학기술대학에서 우리 부부가 교수로 초빙을 받은 것은 백두산과 인연을 맺게 되는 행운의 기회이었다. 비록 한반도 우리 땅을 거치지는 못하지만, 중국 땅이라도 거쳐서 백두산에 갈 수 있다는 것만 해도 얼마나 대행한 일이었는지. 그래서 연변에 도착한 해에 곧바로 백두산에 올랐고, 내리 연달아 1년에 한 번씩 3년을 이어서 백두산을 찾았다. 연변이라는 중국 땅에 몸담고 있었기에 가능한 것이었다.

백두산 정상에 오르는 길은 보통 네 길이 있다. 백두산에 오르는 사람들이 가장 많이 찾고 오르는 길은 북쪽 비탈길이다. 나의 경우도 일행과 함께 그 길을 통하여 백두산에 처음 올랐다. 역사적인 순간이었다. 가슴이 떨렸다. '동해물과 백두산이 마르고 닳도록'이라고 부르는 애국가의 그 백두산에 오르는 것이었다. 등산로 입구에서 대기하고 있는 등산용 유료 지프차를 타고 정상 가까이 가서 계단을 따라 도보로 올라가 천지를 내려다 볼 수 있는 곳까지 가면 거기가 정상이다. 이미 많은 국적의 사람들이 올라와 있었다.

두 번째로, 백두산에 오른 길은 2,000여 개의 나무 계단을 걸어서 올라가야 하는 서쪽 비탈길이었다. 여간 힘 드는 길이 아니었다. 계단으로 잘 올라가지 못하는 사람들이나 끝까지 올라가지 못하는 사람들을 위하여 가마가 준비되어 있었다. 물론 비용을 부담해야 하는데 돈벌이를 위해 하는 것이지만, 한 사람을 가마에 태우고 가마꾼 네 사람이 땀을 뻘뻘 흘리면서 올라가는 모습은 함께 걸어 올라가는 옆 사람들의 안타까움을 사기에 충분했다.

세 번째로, 이용한 길은 가장 최근에 개발된 남쪽 비탈길이다. 등산로 입구에서 소위 빵 차에 몸을 실었다. 노련한 운전기사가 45도의 가파른 시멘트 길도 최대한의 속도로 잘도 달렸다. 한참을 달리다 보니, 주위에 화산 바위가 널려 있고 잡초들이 땅에 붙어 있다. 정상에 가까이 왔음을 나타내는 것이었다. 빵 차에서 내려 백두산의 능선을 따라 거센 바람에도 불구하고 힘차게 달려 정상에 도착했다.

네 번째의 동쪽 비탈길은 안타깝게도 우리가 자유롭게 왕래할 수 없는 북한 쪽에 있어서 아쉬울 뿐이다. 그래서 더 그리운 것인지도 모른다.

백두산은 정상에서 내려다보이는 각 방향에서의 경치가 특징이 있는 것도 중요하지만, 역시 백두산은 천지를 제외하고는 그 의미가 퇴색이 된다고 해도 과언이 아니다. 그런데 그 천지가 일기의 영향을 받아서 연중 30%의 날에만 모습을 나타낸다고 한다. 그래서 백두산 등정 시 천지를 본다는 것은 행운이다. 백두산을 향한 그리움은 천지에 대한 그리움이다. 나는 다른 글에서 이렇게 썼다.

"말 그대로 눈을 머리에 덮어쓴 '백두산'이다. 천지의 색깔과 함께 크게 조화를 이루어 장관이다. 특히 중국 측의 백운봉과 북한 측의 장군봉 등 열여섯 개의 고봉들이 내려다보는 가운데 푸르디푸른 색을 내비치는 천지는 강보에 싸인 아기처럼 백두산의 품에 그렇게 안겨 있다. 하늘을 이불로 삼고 주위의 하얀 눈 포대기에 감싸여 있다. 바람은 노래하고 구름은 춤추며 형언할 수 없는 최상의 조화로 백두산의 천지는 거기 그대로 있다. 감격의 눈물이 흐른다. 대한민국 만세를 부르고 싶다."

그리운 천지여, 더 그리운 백두산이여.

드디어 필즈상을

 드디어 한 한국계 수학자가 수학 분야의 세계 최고상인 필즈상(Fields Medal)을 수상하였다. 이를 두고 일부 언론과 사람들이 '수학의 노벨상'을 수상했다고 야단이다.
 '최고의 상'이라는 의미에서 노벨상을 언급하는 것은 이해가 가지만, 실제로 노벨상에는 수학 분야가 없다. 없는 이유가 몇 가지 떠돌고 있다. 노벨상의 창시자인 스웨덴의 노벨은 화학자이고 발명가, 기술자, 그리고 거부이기에 그에게는 추상적인 수학의 세계가 구름을 잡는 것 같아서 수학에 대한 인식과 관심이 부족했기 때문이라는 것이다.
 발명이나 발견을 통해 실제로 인류에게 기여해야 한다는 물리학 분야나 화학 분야의 수상 규정을 보면, 수학은 이론 위주로 실용성이 부족한 분야로 간주되어 수상에서 배제했을 가능성이 높다는 것이다. 또 하나는 당대 스웨덴에서 최고 권위의 수학자이며 노벨과는 학문적 동반자이고 절친인 미타그레플러 교수 때문이라는 것이다. 노벨상에 수학 분야를 포함시키면 미타그레플러 교수가 그 첫 수상자가 될 가능성이 크고 그러면 그를 능가할 수 있는 젊은 수학자들이 수상의 기회를 놓치고 불이익을 당할 수 있기 때문이라는 것이었다. 이런 이유들이 설득력이 있을지는 모르지만, 수학 분야가 노벨상에서 배제된 것에 대하여 당시 수학계의 불만이 이만저만이 아니었다. 그 책임이 미타그레플러 교수에게 돌아가기도 했다. 이러한 현상들이 필즈상 제정과 무관하지 않다. 미타그레플러 교수는 수학계의 불만을 해소하기 위하여 백방으로 노력하였다. 특히 필즈상의 창시자인 캐나다의 수학자 필즈와의 우정을 통해서도 노력하였다. 필즈는 1924년 토론토에서 개최된 국제수학자회의의 의장이기도 하였다. 국제수학자회의는 4년에 한 번씩 개최되는 세계 수학자들의 모임이다. 필즈는 이 회의에서 노벨상에 버금가는, 수학상의 제정을 재안했다. 그의 유언에 따라 그의 유산과 토론토 국제수학자회의 잔여금을 기금으로 지난 4년간 괄목할 만한 미해결 문제를 해결하고, 수학 발전에 획기적인 업적을 남긴 40세 미만의 수학자 2명에게 제안자의 이름을 딴 필즈상을 수여하기로 하였다. 오랜 준비 끝에 1936년 핀란드의 헬싱키에서 개최된 국제수학자회의에서 처음으로 2명의 수학자에게 필즈상이 수여되었고, 1966년부터는 연구 분야가 확대된 것을 감안하여 4명의 수학자에게 주어지게 되었다.

  부모가 미국 유학 시 출생한 허 교수는 미국 국적을 갖게 되었다.

두 살 때 귀국하여 초등학교 중학교를 국내에서 마치고 한때 시인이 되고 싶어 고등학교를 중퇴했다. 그 후 뜻대로 되지 않아서 검정고시를 거쳐 서울대 물리학과로 진학했다. 공부가 제대로 되지 않아서 대학을 6년이나 다녔다. 그러나 서울대가 마련한 1970년 필즈상 수상자인 일본인 히로나카 하버드대 교수의 특강을 듣고 생각이 변했다. 내용이 어려워서 다는 이해할 수 없어도 몇 가지만이라도 이해가 되면 충분하다고 생각했다. 이후 한국에 있을 동안 히로나카 교수와 가까워지고 일본에 갈 일이 있을 때는 히로나카 교수의 집에 머물기도 했다. 히로나카 교수의 권유로 서울대 대학원 수학과에 진학했는데, 후에 그의 추천으로 미국 유학을 갔다.

히로나카 교수는 허교수와 교제하는 사이 그에게서 수학에 필요한 창의성을 발견하고 그에게 관심을 갖게 되었으며 그의 앞길을 제시하게 된 것이다. 그동안 필즈상은 허 교수를 포함하여 미국이 14명, 프랑스가 13명, 영국이 8명, 러시아 6명, 일본 3명, 독일, 벨기에, 이란, 이탈리아, 호주 각 2명, 이스라엘, 중국, 베트남 등 11개국이 각 1명씩 수상했다. 그동안 그 많은 나라, 그 많은 수학자에게 필즈상이 수여되었지만 '한국, 한국인'이라는 이름은 보이지 아니하였다. 그러다가 드디어 2022년 핀란드의 수도 헬싱키의 알토대학교에서 개최된 국제수학자회의에서 다른 나라의 수학자 3명과 함께 한국계 수학자 허준이 교수가 필즈상을 수상하게 되었다.

한국에서는 수학을 잘해도 수학을 전공으로 할 생각은 아니하고 대개 그 수학의 좋은 성적으로 의과대학이나 법과대학으로 진학하여 의사가 되고 법관이 되어 명성을 얻기를 희망하고 있다. 그래서 수학은 아르바이트를 하는 학생들이 과외하기 좋은 과목으로, 대학입시에서 점수 따기 좋은 과목으로만 인식이 되어 있으니, 수학의 학문적 가치가 왜곡되어 있다고 할 것이다. 그래서 소위 '수포자'가 많이 생기는 것이 아닌가 생각한다.

허 교수도 학생 시절 수학을 잘하지 못했다고 고백한다. 후에 좋은 지도자를 만나 필즈상의 주인공이 되기도 하였지만, 한국도 이번을 계기로 수학에 대한 인식을 새롭게 하고, 제2, 제3의 필즈상 수상자가 배출되기를 기대해 본다. 즉 매년 개최되는 국제수학올림피아드에서 한국의 어린 학생들이 매번 좋은 성적을 내고 있다. 2022년 7월에도 노르웨이의 수도 오슬로에서 개최된 국제수학올림피아드에서 금메달 3개, 은메달 3개를 획득하여 국가종합순위 2위를 차지했다. 또 국제수학연맹은 전 세계 국가들을 5개 그룹으로 나누었는데, 세계수학자회의의 초청 수학자 수, 과학 기술 논문 인용 색인급 수학 논문 실적, 중요 연구원과 대학의 수학 연구 실적 등을 종합적으로 고려할 때, 한국은 다른 11개국과 함께 세계 선진국 등급인 5그룹에 속해 있다. 문제는 지도자가 제자의 창의성을 찾아내는 안목인 것 같다.

4부
원주율의 날

'내리사랑'의 사전적 의미로는
손윗사람이 손아랫사람에 대한 사랑이다.
내리사랑으로 인해서
인간 사회가 유지되고 발전해 나가는 것이다.
이 사랑이 없으면 인간 사회는 정지할지 모른다.

원주율의 날

 3월 15일, 다른 전공의 동료 교수로부터 "어제 3월 14일, '원주율의 날'을 잘 보냈느냐?"라는 뜬금없는 질문을 받았다. 원주율에 관한 한 누구보다 잘 알고 자주 접하는 말이지만, '원주율의 날'이라는 말은 처음 들었다. 수학을 가르치는 사람이니까 으레히 잘 알고 있을 줄 생각하고 마음 편안하게 물은 것인데, 황당해 하니까 오히려 동료 교수가 민망해 하는 것 같았다. 나는 한번 알아보겠다는 말을 남기고 그 자리를 떠나왔다. 그에 대한 대답을 이 글로 대신하기로 한다.
 원주율은 원의 둘레를 원의 지름으로 나눈 값, 즉 반경이 1인 원둘레이고 둘레의 그리스어가 π(pi 파이)로 시작하는 단어이어서 그리스 문자 π로 나타낸다. 이는 18세기 스위스의 수학자 오일러의 업적이며 π는 무리수이다. 고대에는 구약성경과 탈무드에서처럼 의 근사값으로 3을 사용하였으며, 기원전 3세기 그리스의 수학자 아르키메데

스가 '다각형법'을 이용하여 π의 근사값 3.14를 계산했다. 그는 π가 변의 수가 같은 원에 외접하는 정다각형의 둘레와 내접하는 정다각형의 둘레 사이에 있는 값인 것을 근거로, 변의 수를 점점 크게 하면서 둘레를 계산해 나갔다. 그러다가 결국 원에 외접하는 정96각형과 내접하는 정96각형의 둘레가 소수점 이하 둘째 자리까지 정확하게 3.14로 일치하였다.

그 결과 매년 3월 14일을 원주율의 날로 정하고 파이 데이(π-데이)라고 한 것은 그리 오래된 일은 아니다. 1988년 미국 샌프란시스코 과학관의 한 직원이 그 과학관의 한 행사로 과학관의 원형 공간을 시민들과 직원들이 π와 발음이 같은 파이(pie)를 먹으면서 함께 행진하는 것으로 이날을 기념하게 된 것이 그 효시이다. 이를 계기로 미국과 서구 등, 여러 나라 여러 도시에서 파이 데이를 기념하게 되었으며, 21년 만인 2009년에 미국 하원은 '3월 14일'을 '국가 파이 데이'라고 하고, 강제력이 없는 기념일 중의 하나로 하는 조례를 통과시켰다. 그 이듬해 네티즌들에게 영향력이 큰 구글두들(Google Doodle)의 온라인에서 파이 데이가 소개되어 파이 데이가 학생과 수학자 등, 특정인들만의 기념일이 아니라 많은 사람들에게 뜻깊은 기념일이 되었다.

그러나 π는 아무리 계산을 해도 나누어떨어지지 않는다. 극도로 정밀함이 요구되는 기계공업이나 물리학에서조차도 소수점 이하 4자리이면 충분하고 보통은 3.14이면 족하다. 그러나 인간의 지적 욕구와 호기심은 끝이 없다. 아무도 그를 중지시킬 수 없다. 그것으로 만족하지 않는다. 그래서 π의 더 정확한 값을 구하기 위하여 일생을 바친 사람도 있다. 16세기 독일의 수학자 루돌프는 '다각형법'을 이용하여 π를 소수점 이하 35자리까지 계산하였다. 컴퓨터가 없던 시절, 그는 그 계산을 위해서 일생을 바쳤다. 그의 유언에서, 그가 죽으면 그가 계산한 π를 묘비에 새겨 달라고까지 하였다. 그래서 독일에서는 π를 '루돌프의 수'라고 하면서 그를 기린다.

17세기 이후에는 π를 계산하는데 '무한급수법'이 이용되었다. 뉴튼과 라이프니쯔의 미적분학에 힘입어 π를 무한급수로 나타내었으며, 이 방법으로 훨씬 효과적으로 를 계산할 수 있게 되었다. 그래서 17세기와 18세기에 걸쳐서 π를 소수점 이하 100자리까지 계산하는데 성공했으며, 19세기 전반에는 248자리까지, 19세기 후반에는 소수점 이하 707자리까지 계산이 가능했다. 그러나 20세기 전반에 컴퓨터의 출현으로 소수점 이하 707자리의 π의 근사값 중에서 528자리의 수가 잘못 계산되었다는 것이 밝혀졌다. 이것은 '다각형법'으로는 π의 소수점 이하 약 40자리까지, '무한급수법'으로는 약 500자리까지가 그 한계임을 나타낸다고 할 것이다.

컴퓨터의 출현은 '다각형법'과 '무한급수법'을 무색하게 했다. 2005년에 일본 동경대학의 가네다 교수는 컴퓨터를 이용하여 π의 소수점 이하 1조2천4백11억 자리까지의 근사값을 구했는데, 이를 기록하기 위해서는 약 3억 6천 장의 A4 용지가 필요하다고 한다. 최근에는 의 소수점 이하 약 6조자리까지의 근사값을 구한 것으로 알려졌다.

파이 데이를 기념하는 행사는 다양하다. 관련 기관에서는 'π에 관한 공개 강좌'를 열고 입장자들에게 파이를 무료로 재공하기도 한다. 3.14마일 경주 대회를 개최하고 π와 닮은 파이 절단기를 만들어 팔고, 파이 던지기 대회, 파이 먹기 대회를 개최한다. 어떤 상점에서는 파이 데이를 하루 3.14달러 균일가로 판매하거나 3.14달러 할인을 해 주기도 한다. 빼놓을 수 없는 것이 π의 근사값의 암기대회이다. 부산에서는 초·중·고 학생과 가족 등, 3,000여 명이 모인 가운데 파이 데이 기념 행사를 가졌는데, 한 학생은 π의 소수점 이하 873자리까지 외워서 파이 마스터상을 획득했다고 한다.

또 π의 소수점 이하 4자리까지의 근사값 3.1415를 보면, 서구식의 연월일 표시 3/14/15의 순서와 같다. 이것은 2015년 3월 14일을 나타내는데, 이와 같은 연월일 표시는 100년 전에도 있었으니, 100년 후인 2115년 3월 14일에야 나타난다고 하겠다. 뉴욕의 맨해턴에서는 π의 소수점 이하 7자리인 3.1492653에 맞추어 2015년 3월 14일 저녁 9시 26분 53초를 기하여 기념 행사를 시작했으며, 오바마 대통령 내외도 백악관 주방의 갖가지 파이 요리 앞에 선 사진과 '해피 파이 데이'라는 메시지를 백악관 공식 트위터에 올려 파이 데이를 축하했다고 한다.

파이 데이의 기념을 통하여 입시를 위한 과목으로서의 수학을 넘어 수학에 대한 지적 흥미와 수학적 탐구 능력을 함양하고, 수학에 대한 긍정적인 정서를 형성하여 실용성과 심미성을 체험하는 기회를 가질 수 있게 되기를 기대해 본다.

내리사랑

'내리사랑'의 사전적 의미로는 손윗사람의 손아랫사람에 대한 사랑이다. 이 사랑은 무조건적이며 희생이 따르기 마련이다. 이 내리사랑으로 인해서 인간 사회가 유지되고 발전해 나가는 것이다. 이 사랑이 없으면 인간 사회는 정지할지 모른다. 지금 내가 이 자리에 있는 것은 우선 부모님의 내리사랑 덕이다. 거기에다가 형의 내리사랑을 외면할 수 없다.

어릴 때부터 교회에 다니면서 기독교 신앙을 갖게 되었다. 중·고등학교 시절에는 교회의 오르간 덕택으로 오르간을 익혀서 반주도 했다. 한국전쟁 직후 서울에서 피란 오신 목사님이 우리 고향 교회에서 목회를 하셨다. 그 분은 교회에 열심히 출석하는 나를 보고 앞으로 목사가 되어 교회를 섬기도록 권고하셨다. 중학교를 다니고 있었으니까 대도시의 성경학교를 다니고, 신학교에 진학을 하여 목회자의 길을 가면 된다고 안내하셨다.

　대도시로 유학을 간다는 소식을 뒤늦게 들으신 아버지는 야단이 나셨다. 어린 나이에 대도시로 유학을 가서 어떻게 생활을 할 것이냐고 걱정이 태산이셨다. 나는 결국 아버지의 적극적인 만류에 굴복하여 대도시 유학을 포기하였다. 아버지의 내리사랑의 발로였다. 웬만하면 자식의 소원을 들어주실 만도 한데, 극구 반대하는 아버지의 뜻을 꺾을 수가 없었다. 어쩔 수 없이 고향에 피란 온 서울의 어느 농업고등학교와 고향의 유지들이 협의하여 설립한 농업고등학교에 입학하였다. 그때 아버지는 거창군청에서 근무하시다가 공비들의 습격을 받고 고향으로 피란하여 직장을 잃음에 가정형편이 어렵게 되었다. 마침 나보다 네 살 위인 맏형이 일치감치 한국전쟁에 참전했다가 후퇴할 때 입은 부상으로 제대하여 상이군인으로 있었는데, 중학교의 교관이 되어 가정 형편에 크게 도움이 되었다. 형의 내리사랑이 이렇게 나타난 것이다.

　부모의 독특한 내리사랑이 나타났다. 나는 성격상 어머니가 하는 집안일에 가끔 관여를 했다. 한번은 어머니가 부엌에서 불을 지피고 계셨다. 나는 그 옆에 가서 이번에 발표된 성적 이야기를 했다. 지난 학기보다 성적이 떨어졌지만, 다음에는 더 잘 하겠다고 했다. 그러니까 어머니는 그 불같은 성격으로 뺨을 때려 치면서 "무엇이라고? 성적이 떨어졌다고?" 하시면서 나가라고 밀쳤다. 나는 갑작스러운 공격에 어쩔 줄을 모르고 서럽기도 하여 울면서 부엌을 뛰쳐 나왔다. 한참 생각해 보니 내가 잘못 한 것 같았다. '아! 이런 것도 어머니의 내리사랑이구나.'라는 느낌이 들었다.

  고등학교를 수석으로 졸업하고 상장과 고급 식기를 부상으로 받았다. 고급 식기는 가보인 양 보관하고 있었다. 한번은 형이 모르게 어머니가 아버지를 보고 생활이 어려운 이야기를 하니까 아무 말도 없으시다가 가보로 여기던 내 상품 식기를 내다 주고 돈으로 바꾸어 오셨다. 이것도 아버지의 내리사랑이라고 생각했다.

  내가 고등학교를 졸업하고 부산대학교에 진학하게 되었다. 입학금을 위하여 목돈이 필요하므로 어머니는 이웃 사람들과 함께 계를 하기 시작했다. 하숙은 아니더라도 자취방은 구해야 할 형편이었다. 형에게는 기대도 아니했는데 어떻게 그런 생각을 했는지, 형은 가족들 모르게 부산대학교가 있는 대신동 골짜기에 가서 자취할 수 있는 방을 구해 놓고 왔다. 군대를 갔다 오더니 생각이 많이 성숙해진 것 같았다.

  이런 부모와 형의 내리사랑 결과로 대학을 무사히 마칠 수 있었다. 그 후로는 나의 내리사랑이 실현되었다. 남동생은 시인이 되기 위하여 서울에 있는 대학의 문예창작과에 다닐 수 있도록 지원했으며, 여동생은 부산에서 나와 같이 생활하면서 고등학교를 졸업시켰다. 부모의 자녀에 대한 학비 지원의 수고를 들어드리면서 나의 내리사랑이 열매를 맺었다.

  최근 국제적으로 최고 수학상인 필즈상이 한국계 수학자 허준이 교수에게 수여되어 화제이다. 그 이전 허준이 교수는 학생 때 서울대가 마련한 1970년 필즈상 수상자인 일본인 히로나카 하버드대 교수의 특강을 들었다. 그때 수학에 대한 생각이 변했다. 이후 한국에 있을 동안 히로나카 교수와 가까워지고 일본에 갈 일이 있을 때는 히로나카 교수의 집에 머물기도 했다고 한다.

히로나카 교수의 권유로 서울대 대학원 수학과에 진학하고 그의 추천으로 후에 미국 유학을 갔다. 히로나카 교수는 허 교수와 교제하는 사이 그에게서 수학에 필요한 창의성을 발견하여 그에게 관심을 갖게 되었고, 그의 앞길을 제시하게 되었으며, 결국 필즈상의 수상자로 결정된 것이다. 히로나카 교수의 내리사랑이 작용했다고 할 수 있을지?

한국 수학의 해

 2014년은 여러 가지로 뜻깊은 해이어서 거기에 잇따른 행사들이 거행되었다. 금년은 '한국 수학의 해'라고 한다. 수학이 한국에서 이렇게 각광을 받게 된 것은 놀라운 일이다. 작년에 새 정부가 출범하고 창조경제라는 말이 회자됨에, 창의성을 제고하는 수학과는 불가분의 관계가 있음을 인식하게 되어 입시를 위한 도구로만 생각하던 수학의 중요성을 깨닫게 된 것이다. 그래서 정부가 주동이 되어 1월 13일에 올해를 '한국 수학의 해'로 선포하는 선포식을 가졌다. 마침 대한수학회에서는 4년마다 개최되는 '국제수학자대회'를 115년 만에 처음으로 한국에 유치하여 정부의 적극적인 지원으로 8월에 개최하게 되었다. 여기에 발맞춰 개최국인 우리나라가 초청하는 개발도상 국가의 수학자 1,000명을 포함하여 100여 개국에서 5,000여 명의 수학자가 참가하는 수학자대회와 함께 '한국 수학의 해'가 더 풍성하고 알차게 마무리 할 수 있었다. 이를 계기로 정부가 계획하는 창조경제가 소기의 목적을 이룰 수 있을 것으로 기대된다. 특히 수상자가 극비에 붙여진 가운데 수학의 노벨상이라고 일컫는 필즈상을 개최국의 대통령이 수여했으니, 더욱 뜻 깊은 일이 아닐 수 없다.

'한국 수학의 해' 선포식과 함께 열린 '수학과 창조경제'의 포럼에서는 기조강연자로 초청된 프랑스 응용수학연구소장 마리아 에스테반은 여성 수학자로 그의 '미래산업의 돌파구, 수학'의 강연에서 실제로 항공기에서 휴대폰에 이르기까지 신기술 개발에서 직면하는 많은 문제들을 수학으로 해결하고 있다고 했다. 그는 물리학과 기계공학에서의 모든 방정식은 수학적인 식으로 표현되는 것은 당연한 것이라고 생각할 수 있지만, 이것들을 넘어서 경제, 금융, 보험, 범죄학 등, 사회과학에서도 수학이 응용된다고 했다. 그래서 어떤 현상이든 모델링과 시뮤레이션 그리고 최적화 과정을 통하여 수학이 세상을 변화시킬 수 있다고 했다. 구체적으로 수학은 신기술의 발전에, 많은 서비스 기관에, 신약과 치료 전략의 디자인 등, 여러 분야에 적용이 되어야 한다고 했다. 그리고 포럼 전 한 메스컴과의 회견에서 수학이 산업 발전과 기술 개발에 이용되면서 수학의 순수 및 응용을 구분하는 것이 없어졌으며, 순수수학의 정수론은 정보의 암호를 만들어 헤커로부터 정보를 보호하는 데 이용됨을 확인했다.

미분기하학의 공식으로 만든 에니메이션은 그림의 크기를 자유롭게 할 수 있어서 제작 기간과 비용을 절약할 수 있다는 것이다. 스티브 잡스의 에니메이션 만화 영화 '토이 스토리'도 그렇게 만든 것이라고 했다. 그래서 새로운 산업 기술 개발에서 부딪히는 새로운 문제는 새로운 수학 이론을 필요로 하기 때문에 수학과 산업은 '서로 발전시키는 관계'에 있다고 했다.

이어서 '스카이레이크 인베스트먼트' 김화선 사장은 창조경제의 도래와 부흥을 위해서 창조적 사고로 신성장 동력을 도출하고 정부와 기업이 적극적으로 수학을 응용해야 하고 양질의 수학교육으로 장기적으로 고급 인력을 양성해야 한다고 주장했다. 따라서 학교에서 고등수학 교육을 강화하고 대학의 수학연구소 등에는 적극적인 국가 지원이 필요하며, 산학협동에 높은 수준의 수학적 연구와 응용이 있어야 할 것을 제안하여 많은 호응을 얻었다.

캠퍼스 정직 운동

 1989년 중국 옌지(延吉)에 그곳에 사는 조선족 자녀들을 위하여 뜻 있는 한 재미 한인 동포가 연변과학기술대학을 세웠다. 이를 보고 사람들은 처음에는 모두 기적이라고 하였다. 그러나 30년이 조금 지난 2021년에 대학은 문을 닫고 말았다. 더 이상 이념이 다른 중국에서 교육 활동을 한다는 것은 무리였다. 그래도 그동안에는 최선을 다하여 조선족의 자녀들을 위하여 교육에 임하였다. 무엇보다 정직하고 실력 있는 인재들을 양성하기 위하여 공을 들였다. 이를 위하여 '정직한 캠퍼스 운동'이 제창되기도 하였다. 시작할 때는 교수들의 지도하에서 운영되다가 그 후에는 학생들이 자율적으로 이 운동을 전개했다.
 캠퍼스 정직 운동의 일환으로 여러 가지 시도한 것이 있는데, 그 중의 하나가 무감독 시험이었다. 시험 준비를 잘 한 학생에게는 별 영향이 없지만 어중간하게 공부를 했거나 기억을 해도 어렴풋이 한 학생에게는 유혹을 받을 만한 시험 방법이었다. 그러나 교수들은 캠퍼스 정직 운동의 성공을 위하여 무감독 시험에 협조하도록 학생들을 진지하게 설득하였다. 그 결과, 성공한 경우가 있었는가 하면 극소수의 이탈 학생 때문에 어쩔 수 없이 감독을 해야 하는 경우도 있었다. 초창기 학생 수가 소수인 경우에는 그래도 무감독 시험이 손쉬웠었지만, 40여 명 이상이 되는 경우에는 무감독 시험을 방해하는 학생이 꼭 한두 사람 생기게 마련이었다. 이 소수를 무릅쓰고 밀고 나갈 수만은 없는 것이었다. 협조가 안 되는 학생이 한 사람이라도 있으면 진행시킬 수 없는 것이 무감독 시험이었다.

내가 가르치는 필수과목인 수학은 학생 수가 많아서 처음에는 힘들었지만 학생들에게 정직성의 중요함을 좀 더 설득하여 언젠가 무감독 시험을 관철시키리라 다짐해 보기도 하였다. 그런데 어느 봄 학기에 선택과목의 수강 학생 수가 20명 미만인 경우가 있었다. 무감독 시험을 시행해 볼 좋은 기회라고 생각했다. 일장 설득의 연설을 한 후에 스스로 다짐을 하도록 할 겸 종이 쪽지를 나누어 주면서 찬반을 물었다. 결과는 다 찬성이었다. 이것을 보면 학생들도 겉으로는 표현을 잘 안 하지만 일부 소수의 무감독 시험 방해자에게 반감을 가지고 있으며, 캠프스 정직 운동에 대하여 깊은 관심을 나타내는 것이라고 보였다.

학생들이 무감독 시험에 다 찬성했다고 해서 마음을 놓을 일이 아니었다. 학생들을 믿지 못해서가 아니라, 충분히 민감한 사안이므로 철저히 준비해서 성공하도록 마음에 다짐을 해야 했었다. 먼저 시험

문제를 너무 어렵게 내면 처음부터 포기하고 두리번거리게 될 것이다. 쉬운 것부터 출제해서 차차 어렵게 내는 동시에 실력의 변별력을 위해서 난이도를 골고루 혼합하여 문제를 내야 했다. 소정의 시험 시간을 다 써서 답안을 작성하도록 문제의 분량도 조정해야 했다. 결국 답안을 작성하는 데에만 마음을 쏟고, 주변의 학생에게 정신을 뺏기지 않게 하는 것이었다. 이런 만반의 준비를 한 후 무감독 시험을 하고 채점을 한 결과, 한 학생의 이탈자도 없는 것이 확인되었다.

그런데 이런 희망적인 결과를 안고 대학 웹페이지의 자유게시판을 산책해 보았더니, 캠퍼스 정직 운동과 직간접적으로 관련된 문제로 학생들의 관심이 후끈 달아오르고 있었다. 그중에 으뜸인 것은 무어니 해도 장학금의 공정한 배분 문제이었다. 가난하지도 않은 학생이 중복으로 장학금을 타서는 안 된다는 것이었다. 탄 장학금은 학비로만 사용되어야 한다고도 했다. 가정방문을 해서라도 가난한 학생임을 확인해야 한다는 내용도 있었다. 이 얼마나 정직하려는 마음 자세이었는가? 이렇게 캠퍼스 정직 운동이 활발하게 전개 되어지고 있던 것이었다.

한 졸업반 학생은 게시판에서 잃어버린 노트북에 관하여 의견을 말하고 있었다. 어느 날 하교하여 숙사에 오니 방에 두었던 노트북이 없어졌단다. 일전에 잃어버린 방 열쇠를 빨리 새로 만들지 못하고 캠퍼스 정직 운동을 믿고 하루쯤은 방문을 잠그지 않아도 괜찮으리라 생각했었는데, 이렇게 변을 당하고 말았다고 한다. 그 노트북은 중고품이어서 값도 많이 나가지 않을 것이라고 생각했었다. 만일 어느 지점에 갔다 두었다고 알려 주기라도 하면 가서 찾아오겠다고 하며, 혹시 누구에게 팔았다면 산 사람의 이름이라도 알려 주면 그 학생에게 가서 도로 사오겠다고 말하기도 하였다. 나는 이 학생의 캠퍼스 정직 운동에 대한 기대가 헛되지 않기를 기원했었다.

  어떤 학생은 캠퍼스 정직 운동은 그 실행을 방해하는 몇 가지 부정적인 요소가 있다고 해도 죽은 것이 아니라 살아 있다는 것이었다. 캠퍼스 울타리를 넘어서 가정으로 사회로 민족으로 국가로, 더 나아가 세계로 번져 나가게 할 것이라고 다짐했었다. 이런 원대한 꿈이 실현되도록 먼저 캠퍼스에 정직의 물결이 바다같이 더욱 흘러 넘치기를 바랐다.

쇠고기 국밥

　한국전쟁 중인 1951년에 거창사건이 발생하여, 거창군청에 근무하던 아버지가 혼비백산, 모든 것을 버리고 고향으로 돌아오셨다. 지방공무원으로 고향인 창녕군청에 근무하다가 거창군청으로 전근을 간 와중에 사건이 발생한 것이다. 그리하여 공무원 사표를 제출하고, 해방 후 토지 개혁으로 돌려받은 전답으로 농사를 지으며 생계를 유지했다. 나는 고등학교에 다니면서 시간을 내어 아버지의 농사일을 도왔다. 열혈 어머니도 농사일을 돕는 짬짬이 오일장을 무대로 생활전선에 뛰어들었다. 오일장이 돌아오면 농촌 아낙네들이 싸 들고 온 곡물을 도매로 사서 실소비자들에게는 소매로 파는, 생산자와 소비자 간의 중개상인 역할을 하면서 생활에 도움이 되는 일을 하셨다. 나는 가끔 시간을 내어 시장에 가서 어머니의 일을 돕기도 하면서 어머니가 사 주시는 늦은 점심의 쇠고기 국밥은 그 맛이 일품이었다.

지금도 그 맛이 입안 곳곳에 배어 있어 잊을 수가 없다.

오래전, 해운대로 주거지를 옮기고 생활하는 중에, 가까운 곳에 '48년 전통의 전문 쇠고기 국밥집'을 발견하니, 입안의 그 맛이 꿈틀거렸다. 허름한 집에 창문도 없이 비닐로 전면을 드리우고 있었다. 식당 홀과의 사이에 대형 가마솥을 두 개씩이나 설치해 놓고, 밤낮으로 콩나물, 파, 무 등을 함께 넣고 쇠고기국을 끓여낸다. 손님들이 붐빈다.

이 쇠고기 국밥집이 전국적으로 얼마나 유명했던지, 이름만 대면 알 수 있는 저명한 연예인, 운동 선수, 가수, 인기 MC들이 찾아 와서 식사를 하고는 벽에 황칠을 하듯이 검은 인증 글씨를 남겨놓고 간다. 거기에 외국인들도 빠지지 않는다. 어떤 방송국에서는 드라마의 한 장면으로 이 식당에서 쇠고기 국밥을 먹는 신을 찍어 사진을 벽에 붙이기도 하고 이곳에서 영화를 촬영하여 그 흔적을 남긴 영화사도 있다. 요새 한참 잘 나가는 소위 요리 전문 TV 출연자가 이곳의 쇠고기 국밥을 맛있게 먹는 보기 좋은 사진을 걸어 놓기도 했다.

가끔 점심시간에 나는 이곳을 들러서 식사를 한다. 그러면 어린 시절 고향 오일장에서 어머니가 사 주시던 그 쇠고기 국밥에 대한 추억이 모락모락 되살아난다. 입맛도 되돌아온다. 고향도 그립고 가정의 달에 어머니 아버지가 보고 싶다.

달란트

'굼벵이도 구르는 재주가 있다'고 하지 않는가? 정도의 차이는 있을 수 있겠지만 모든 사람은 각기 나름대로 재능을 갖고 있다. 자신의 재능을 어떻게 발휘하느냐에 따라서 삶의 질이 달라질 수 있다.

신약성경에 재능에 관한 유명한 비유가 있다. '달란트 비유'라고도 말하는데, 달란트는 그리스어 탈란톤에서 유래된 말로, 그리스에서 화폐나 무게의 단위로 사용되는 것이 보통이지만, '천부적 재능이나 임무'를 나타내는 의미로도 사용된다. 텔레비전 드라마에 출연하는 직업연예인을 지칭하는 탤런트(talent)는 탈란톤의 영어식 발음이다.

비유의 줄거리는 다음과 같다. 어떤 주인이 타국에 가게 되어 종들을 불러놓고 그 재능에 따라 각각 다섯 달란트, 두 달란트, 한 달란트씩을 주었다. 전자의 두 종들은 바로 가서 그것으로 장사하여 받은 것의 배를 남겼으나, 후자인 한 달란트를 받은 종은 가서 땅을 파고 그 한 달란트를 감추어 두었다. 주인이 돌아와서 이들 종들과 결산할 때 전자의 두 종은 받은 것의 배를 가지고 와서 "주인이여, 우리가 주신 것의 배를 남겼나이다."라고 했다. 주인은 "잘하였도다. 착하고 충성된 종아."라는 칭찬과 함께 "네 주인의 즐거움에 참여하여라."하고 상급을 주었다. 그러나 후자의 종에게는 "악하고 게으른 종아."라는 심한 책망과 함께 "이 무익한 종을 바깥 어두운 데로 내쫓으라."며 벌을 내렸다.

사람마다 이 비유로부터 받는 교훈이 다를 수 있겠지만, 먼저 이 땅에서 삶을 살아가는 모든 사람은 그 재능에 따라 해야 할 일이 주어진다는 것이다. 그것은 남녀노소, 빈부 귀천, 장애인 비장애인에 관계 없이 그 누구에게나 차별을 두지 않고 소임이 주어진다는 것이다. 소임의 비중이 재능에 따라 크고 작은, 많고 적은 것에 차이는 있을지라도 소임이 주어진다는 것에는 공평하다. 어떤 종에게는 다섯 달란트, 다른 종에게는 두 달란트를, 급기야 한 종에게는 한 달란트를 맡긴 것과 같다.

다섯 달란트 맡은 종과 두 달란트 맡은 종은 맡겨 준 것의 많고 적음에 아무런 언급을 하지 않은 것에 주목할 필요가 있다. 다섯 달란트 맡은 종은 너무 많이 맡겨 주어서 혹사를 당하게 하는 것이 아닌가?, 두 달란트 맡은 종은 상대적으로 적게 맡겨 주어서 자기를 과소평가하는 것이 아닌가? 라고 생각하면서 주인에게 불평을 늘어놓을 수도 있었을 것이다. 그러나 이들은 그것에 관계없이 바로 가서 장사하여 받은 것의 배를 남김으로 주인의 칭찬을 받았다. 받은 것의 다소와는 관계없이 받은 것만으로 최선을 다했다. 그 결과로 배를 남겼다. 만일 한 달란트 받은 종도 전자의 종들과 같이 최선을 다하고 그 결과로 또 배를 남겼다면 같은 칭찬과 상급을 받았을 것이다. 맡은 것의 다소에는 상관없이 주어진 그것으로 최선을 다하느냐의 여부에 달려 있다.

한 달란트 받은 종은 상대적으로 적게 받은 것에 대한 불만이 있었는지, 아니면 받은 것으로 장사를 하다가 밑천까지 잃어버릴 것 같아 두려워서이었는지 땅에 감추어 두었다가 주인이 오면 원금을 그대로 상환하려고 했다. 그는 주어진 재능을 활용하지 못하고 주인으로부터 심한 책망을 듣고 결국 추방당하는 벌을 받은 것이다. 모든 사람에게 골고루 소임이 주어졌지만, 특히 나라를 위해서 일하라는 소임을 받은 공무원의 책무는 중차대하다. 고위급 공무원 일수록 더욱 그러하다.

금년의 여름만큼 무더위가 극심한 적은 없었던 것 같은데, 지구의 온난화의 영향으로 기후가 점점 아열대성으로 변화한다는 소문이다. 이럴 때일수록 전기 사용이 자유로워야 할 것인데, 일부 원자력 발전소의 잦은 고장으로 인하여 전기 소비량을 절감해야 할 형편이었다. 그 고장이 일부 공무원이 연루된 비리 때문이라고 한다. 비리를 저지르고 수리 시 불량 부품 사용을 묵인해 주어서 자주 고장이 생기고 전기의 수요량을 충분히 공급해 주지 못했기 때문이다. 전 국민을 상대로 피해를 주고 국가 망신이 이만저만이 아니다. 국리민복을 생각해야 할 공무원이 이럴 수 있는지 가슴을 치고 통탄할 일이다.

민주주의 국가에서는 선거를 통하여 국가를 보위하고 국민들의 안녕을 지키며 민주와 자유를 신장시키도록 권한을 일인에게 맡긴다. 아무나 집권할 수 없으며 원한다고 되는 일이 아니다. 집권을 못하게 아무리 방해를 해도 집권할 사람은 집권하는 것이다. '민심은 천심이다'라는 말이 있는 것처럼, 그것은 하늘이 내린 고귀한 책무이다. 이런 귀중한 책무를 맡은 사람이 혼신을 다해 생명을 걸고 그 사명을 다해야 할 것이다. 하급 직책도 아니고 나라와 백성을 맡았음에도 불구하고 빈 말이라도 '못해 먹겠다.', '그만두고 싶다.'라든가 '통째로 권력을 넘기겠다.', '너희가 맡아서 해 보라.'라는 등의 말을 하는 집권자가 있다면, 국민은 크게 실망할 것이다. 그에게 권력을 맡긴 것을 후회한다. 권력을 맡겼는데 얼마 안 가서 '하기 싫다'라든가, 다른 사람에게 그것을 넘기려고 하면 국민들은 그에게 배신감마저 느낀다.

국민으로부터 위임받은 권력을 개인적으로 다른 사람에게 넘겨줄 수도 없으며, 처음부터 맡지 못할 사람이 다른 사람으로부터 권력을 넘겨받을 이유도 없다. 권력은 물건처럼 주고받고 할 성질의 것이 아니다. 역부족으로 감당하지 못할 권력이면 국민으로부터 받은 권력이므로 국민에게 되돌려 주면 된다. 국민들이 알아서 할 것이다. 국민으로부터 권력을 위임받은 사람은 책임을 지고 그 소임을 다하여야 한다. 다섯 달란트, 두 달란트 받은 종들처럼 권력을 맡겨 준 국민으로부터 칭찬을 들으며 역사의 긍정적인 평가를 받아야 한다.

어르신 우대

　내가 사는 주거지에서 걸어서 약 20여 분 거리에 소고기 곰탕, 소고기 갈비탕 등, 소고기를 식재료로 하여 탕 종류를 파는 음식점이 하나 있다. 특히 그 주위에 구청 등 관공서가 들어있어서 점심시간이 되면 그곳의 직원들로 그 식당이 붐빈다. 더욱이 아파트 단지가 그 주위에 많아서 그곳의 주민들까지 합치면 점심시간에는 발 디딜 틈도 없다고 봐야 할 것이다.
　문을 열고 들어서면 그리 넓지도 않는 식당 사방 벽면에 온갖 사진과 글을 담은 액자가 가득히 걸려 있다. 구청장, 시장 및 이 지역 출신 국회의원, 심지어 대통령의 표창장과 감사장 액자들이 걸려 있어서 볼거리가 많다.
　특히 대통령 표창장은 부산시가 선정하고 추천한 '우수 착한 가격 업소'로 양질의 서비스를 지역 평균가보다 낮게 제공하거나, 이를 통하여 지역 서민 경제의 안정화에 기여했으며, 그 외에도 복지 시설에 상당 액수의 무료 식사권을 제공하기도 하고, 지역사회에 대한 봉사 활동을 펼쳐서 함께 살아가는데 모범을 보인 식당으로 인정을 받은 것이다. 그래도 가장 먼저 눈에 띄는 것은 정철님의 부모에 대한 효의 권유를 나타내는 글이 적힌 액자다.

"어버이 살아실 제 섬기기 다하여라
지나간 후면 애달프다 어이 하리
평생에 고쳐 못할 일이 이뿐인가 하노라"

이 식당의 운영 철학이라고 해도 과언이 아니다. 구체적으로는 어르신에 대한 음식가격을 일률적으로 10% 할인하는 우대를 한다. 이런 대우는 과문한 탓인지는 몰라도 부산 시내에서는 그 유례를 찾기가 드물 것이다. 거기에다가 장애인에 대해서도 같은 예우를 한다니, 이런 정신을 기반으로 식당을 운영하여 지역사회의 모범이 되고 있다.

일본 유학 생활

대학의 강단에 서게 된 것이 나의 생애 중에 큰 전환점이자 축복이었지만 시간이 흐를수록 대학의 강단에 서는 것이 만만한 것이 아니라는 것을 느꼈다. 두려웠다. 물론 열심히 준비하기는 했지만, 강의하러 교실에 들어가는 것이 부담스러워졌다. 학생들 보기가 민망스러울 지경이었다. 그렇다고 어렵사리 얻은 전임강사 자리를 내놓을 수는 없었다. 결국 공부를 더 하기로 마음먹고 고민을 거듭한 끝에 유학을 가기로 했다. 가정에 대한 걱정은 잠시 내려놓기로 했다. 때마침 일본 정부가 초청하는 연구자 모집에 응모하고, 우리 정부와 일본 대사관에서의 두 차례의 선발시험을 통과하여 2년간 희망한 일본 규슈대학에 영구자로 가게 되어서 생애 처음으로 외국을 경험하는 기회를 얻었다. 1969년 4월의 일이었다.

지도교수로 만난 규슈대학 수학과의 도미다 미노루 교수는 C-대수 분야의 세계적 대가로 그의 이름이 붙은 C-대수의 도미다 이론은 이 분야를 연구하는 학자들에게는 연구의 대상이었다. 그러나 지도교수의 지도를 받기 위해서 이 이론을 나의 연구분야로 하기에는 너무나 거리가 있어서 한동안 연구 분야를 정하기 위해서 고심을 했었다. 다행히 기회를 포착했다. 특히 1965년의 요시다 고사꾸 저, 함수해석학 중에서 제9장의 Banach 공간에서의 선형 반군론을 비선형 반군론으로 전환하는 연구가 행해지고 있었다. 먼저 코무라 교수가 1967년 Hilbert 공간에서 연구하였고, 같은 해 카토 교수가 Banach 공간에서 연구하였다. 이어서 1969년 코무라 교수와 미야데라 교수가 각각 Banach 공간에서 연구하였다. 이를 계기로 비선형해석학이 급속도로 발전하고 이 분야의 논문이 수없이 발표되었다. Banach 공간에서의 선형반군론에 지대한 관심을 가졌던 입장에서 새로운 출발을 한 Banach 공간에서의 비선형 반군론에 관심을 갖게 되었고, 지도교수와 상의하여 이 분야를 나의 연구 분야로 확정하여 연구에 매진하였다. 즉 Banach 공간에서의 선형반군론의 비선형화이다. 넓게는 비선형해석학이다. 지도교수는 직접 지도는 안 하였지만, 나의 비선형해석학의 연구를 돕기 위하여 친절하게도 평소에 교분이 있는 와세다대학의 미야데라 교수에게 부탁해서 이 분야의 연구 자료를 많이 구해 주기도 하여 크게 도움이 되었다.

  처음 규슈대학에 도착하여 인사하던 날, 지도교수는 석사 과정에 입학하라는 것이었다. 그러면 일본 정부로부터 연구자로서 많은 혜택을 누릴 수 있다고 했다. 한국에서 이미 석사 학위도 취득하고 대학의 전임강사인 자에게 석사 과정에 다시 입학하라고 하는 것은 자존심의 문제이기도 하고 소용없는 일이라고 생각했지만, 결국 지도교수의 의향대로 석사 과정에 입학을 하는 것도 나쁘지 않다고 생각하여 석사 과정에 입학하고 말았다. 그 후 석사 과정 과목의 강의도 듣고 세미나에도 참가하고, 발표도 하고, 학점 취득에도 열심을 다하였다. 석사 학위 논문은 자동적으로 비선형해석학에 관한 논제이었다. 즉 실제로 Banach 공간에서 비선형반군열의 수렴과 Cauchy 문제에 대한 근사 계의 문제이었다. 석사 학위 청구 논문 발표회에서 호평을 받아 석사 학위를 취득하고, 지도교수의 추천을 받아 이학부 교수들의 논문집인 '규슈대학교 이학부 연구논문집'에 게재하였다. 1971년 규슈대학에서의 모든 과정을 마치기까지 비선형반군을 포함하여 비선해석학에 관한 논문이 미국의 Crandall, Liggett, 프랑스의 Brezis, Benilan, 일본의 Kato, Miyadera 등, 세계 여러 나라에서 많은 논문이 발표되었다. 귀국길에 이러한 자료들을 수집하여 지참하고 앞으로 대학에서 계속되는 연구와 학생 지도에도 이용하겠다고 마음먹었다.

실제로 귀국하자마자 1971년 3월 1학기에 대학원 수학과에 비선형해석학 강좌를 개설하여 강의하고 또 세미나도 시작하였다. 처음으로 접하는 비선형 반군을 중심으로 하는 비선형해석학에 학생들도 호기심을 가짐에 가지고 온 자료들을 공개하여 세미나에 임하고 새롭게 출발하는 학문의 발전에 힘을 합쳐 나가도록 다짐하였다. 이를 두고 2007년 5월 국립수리과학연구소 주최 비선형 함수해석학에 관한 심포지엄의 Proceeding 서문에서 '1970년대 초에 하기식 교수는 부산대학교에 비선형해석학에 관한 세미나를 조직하여 시행했는데, 이는 우리나라에서 이와 같은 류의 세미나로서는 처음 있는 일로 보인다'고 했고, 2016년 12월 발간된 대한수학회 70년사에서, '1970년대 초반부터 부산대학교의 하기식 교수는 비선형해석학의 특정 분야를 강의와 연구에 반영하여 제자들을 길러내기 시작한 것이다.'라고 했다.

우리나라에서 비선해석학의 연구와 교육에 처음으로 불을 지핀 부산대학교로서 그 중차대한 책임감을 통감하고 교육과 연구에 매진하여 비선형해석학에 관한 논문을 국내외에 다수 발표했으며, 비선형해석학 전공의 석사·박사를 배출하여 이들은 국내 대학에서 교수로, 연구자로 활약하고 있다. 또 여건이 허락하는 범위에서 가능한 한 미국, 프랑스, 일본 등 비선형해석학의 선진국에 유학을 가도록 독려하였다. 일부 제자들은 유학을 하고 박사 학위를 취득하고 귀국하여 국내 대학에서 교수직을 성실히 수행하고 있다.

프랑스 유학 생활

　일본 유학에서 돌아 온 후로는 강의실에 들어가서 강의하는 일이나 학생을 대면하는 일이 별 부담 없이 자연스러웠다. 아니 오히려 강의실에 들어가는 것이나 학생을 만나는 일이 마음이 편안하고 즐거웠고 자신이 생겼다.
　그런데 문제가 일어났다. 석사 과정만 있었던 대학원에 박사 과정을 신설하고 박사 학위를 취득하는 일이 대학마다 관심사가 되는 분위기였다. 더욱이 교수는 재직하는 대학의 박사 과정에는 입학이 금지되어 있어서, 타 대학의 박사 과정에 입학을 해야 할 형편이었다. 반면에 논문 박사는 자기 대학에 신청이 가능하여 많은 교수들이 박사 논문을 준비하고 있었다. 분위기로 봐서는 앞으로 몇 년 사이에, 전후기 졸업식 때마다 박사 학위 취득자가 많이 배출되리라는 짐작이 갔다.

한편, 수학과 교수들 사이에서는 불어 수학 도서 및 불어 수학 논문 읽기의 붐이 일어나고 있었다. 따라서 불어 공부 열기가 치솟았다. 그러나 불어를 배울 기회가 없어서 힘들었는데, 때마침 사범대학에 불어교육과가 신설이 되고, 불어 교수들이 다수 부임해 왔다. 바쁜 불어 교수들 대신에 그들의 부인들을 초청하여 불어 렛슨을 받았다. 불어에 관심을 갖고 있는 타 과의 교수들을 포함하여 5명의 우리 교수 팀은 불어교육과의 꾸뻬 교수 부인인 마담 꾸뻬를 모셔 오는데 성공하여 열심히 불어 공부를 하게 되었다. 그동안 배워왔던 영어와 독일어 이외의 서양 언어인 불어를 배우는 묘미가 영어와 독일어와는 사뭇 달라서 흥미를 더해 주었다. 특히 단어에서 두 자음이 연결되는 마지막 자음은 발음하지 않으며, 단어 안의 n의 발음은 앞 모음의 영향을 받아서 'on', 'an'은 각각 '온', '안'으로 발음하지 않고 '옹', '앙'으로 발음한다. 예를 들면 Mont blanc과 같은 경우 '몬트 블란크'가 아니고 '몽 블랑'으로 발음하는 경우이다.

어느 비 오는 궂은 날이라 다른 교수님들은 결석을 하고 나만 출석을 하였다. 결석한 교수님들을 배려해서 교과의 진도는 나가지 않기로 하고 프랑스의 교육 제도에 관한 이야기로 시간을 보냈다. 마지막에 마담 꾸뻬는 프랑스의 대학에 유학을 가고 싶으면 자기가 프랑스 대사관을 통해서 유학을 주선할 수 있다고 했다. 귀가 확 트이고 정신이 뻔쩍 들었다. 그렇지 않아도 수년 내에 국내 박사가 수없이 배출될 기미가 보이는 때이었지만 나는 그렇게는 하기 싫었다. 외국에서 더 공부하고 학위를 취득하고 싶었다. 마담 꾸뻬의 프랑스 유학에 관한 언급은 막힌 길이 뻥 뚫리는 기분이었다. 노력 여하에 따라서는 프랑스에서 박사 학위를 취득할 수 있는 기회가 올지 모른다는 길조였다. 마침 한불 간에는 원자력에 관한 상호협력조약이 체결된 이후인지라, 그 분야의 학자들이 프랑스에 많이 초청되어 가고 있어서 한국과 프랑스 간 학자들의 교류는 생소한 것이 아니었다. 그날 이후로 프랑스어 공부에 더욱 열을 올렸다.

얼마 후, 서울의 주한 프랑스 대사관에서 면접에 응하라는 통지를 보내왔다. 면접단은 주한 프랑스 대사관의 담당관들과 동경 주일 프랑스 대사관에서 파견된 사람으로 구성되었다. 주일 프랑스 대사관에서 파견된 사람은 물리학 교수 출신으로, 해석학의 세계적인 권위자인 쇼케(Gustave Choquet) 수학 교수와 함께 파리 6대학에서 함께 봉직한 적이 있다면서 나에게 프랑스 파리 6대학으로 가도록 결정적인 역할을 해 주었다. 쇼케 교수에게 연락을 해서 나의 지도교수가 되도록 부탁하겠다는 약속까지 받았다. 면접 중에 나의 얕은 불어 실력을 감안하여 일본어로 대화를 하게 하는 편리까지 도모해 주었다.

모든 과정이 순조롭게 진행이 되어, 대학의 9월 학기 시작 전 프랑스어 어학연수의 시기에 맞추어 서울에서 1974년 6월 초에 2년간 대망의 프랑스 유학을 위하여 에어 프랑스 항공기 편으로 파리로 날아갔다. 생애 처음으로 일본을 넘어 유럽으로, 아니 세계로 비상하였다. 파리에 도착하자마자 프랑스 정부 담당자의 안내로 어학연수를 위하여 스위스와의 국경 지역 도시인 고도 브장송 소재 브장송대학의 어학연수원으로 이동하였다. 브장송은 문호 빅토르 위고의 출생지로 유명하다. 나폴레옹 휘하의 장군이었던 위고의 부친이 브장송에 있을 때 위고가 출생했으며, 그를 기념하는 빅토르 위고 고등학교도 있고, 시내 중심부에 있는 기념공원에는 그를 기념하는 문학비가 우뚝 서 있었다.

3개월 간의 프랑스어 연수를 마치고 9월 초에 파리로 돌아와 대학 도시라는 곳에 소재하는 외국 대학 교수들을 위한 기숙사에 자리를 잡았다. 각국이 자국의 유학생들을 위해서 마련한 기숙사는 자국의 양식대로 건축한 것이어서 전체적으로는 하나의 작은 지구촌 같은 곳으로, 외국 관광객들의 관광지로도 유명한 곳 중의 하나이었다.

다음 날 나는 파리 6대학으로 쇼케 교수를 만나러 갔다. 처음으로 만나는 분이지만 해석학 분야의 책에서는 항상 대했던 학자이기 때문에 오래 전부터 친근하게 지내온 분처럼 전혀 생소하지 아니했다. 기다리고 있었다면서 가벼운 포옹으로 반갑게 영접해 주었고 연구실도 배정해 주었다. 선형해석학의 쇼케 교수는 내가 비선형해석학의 전공자인 것을 이미 알고 비선형해석학의 본 고장인 파리 6대학에서 비선형해석학의 세계적인 대가인 베니랑과 브레지스 두 교수를 소개해 주었다. 브레지스 교수는 그의 저서 '힐베르트 공간에서 극대 단조작용소와 축소반군'을 가지고 비선형해석학의 공부를 하고 있었으므로, 그의 이름을 익히 알고 있었으나 베니랑 교수는 그 이름을 처음으로 대하는 것이었다. 그는 특히 가적분 함수 공간에서의 비선형 반군에 관한 전문가로 많은 연구를 하고 있었다. 쇼케 교수의 선형해석학, 브레지스 교수의 비선형해석학 강의를 듣고 특히 베니랑 교수와는 연구 파트너가 되어 이렇게 파리 6대학에서의 생활이 시작되었다.

강의와 세미나 등으로 빡빡한 시간 속의 연구 활동을 통하여 보람찬 생활로 활기가 넘쳤다. 더욱이 교수들만의 세미나와 베니랑 교수와의 단둘만의 세미나는 나의 연구 활동에 크게 도움이 되었다.

국내외 대학 초청 강연

　1985년 6월 24일에서 28일까지 독일 튀빙겐 대학에서 개최된 국제학술회의에 초청을 받아 한국과학재단의 지원으로 튀빙겐대학에 가게 되었으며 학술회의를 마친 후에는 튀빙겐대학 수학과 주임교수인 나겔 교수의 초청으로 여름방학 동안 튀빙겐대학에 남아서 계속 연구하도록 독일 국제학술 교류협회의 지원을 받게 되었다. 방학기간임에도 쉬지 않고 개최하는 튀빙겐대학 수학연구소 함수해석학 공동연구팀의 강연회에 초청을 받아 1985년 7월 18일 '공간에서 비선형반군'의 논제로 강연하였다.

　미국 유타주립대학과 처음으로 채결한 학술교류협정에 따라 1990년 4월부터 7월까지 제1차로 교환교수로 지명이 되어 도미하게 되었다. 유타주립대학에 체류 중인 1990년 5월 17일, '수학과 통계학 콜로퀴움'의 초청으로 '1차원 확률미분방정식에 대한 단조반복기능'의 논제로 강연하였다.

귀국하여 한참 후 1996년에 포항공과대학교 수학과 초청강연회에서 '함수공간에서의 비선형 반군'에 관한 논제로 강연하였다.

이어서 1997년, 연세대학교 수학과 초청강연회에서 '비선형함수미분방정식의 해의 존재성'의 논제로 강연하였으며 같은 해 부경대학교 수리학부 세미나 초청강연회에서 'Banach 공간에서 비선형함수미분방정식의 해의 단조법'의 논제로 강연하였고, 이어서 일본 후쿠오카(福岡) 소재 규슈대학(九州大學) 대학원 수리연구과 관계해석 세미나 초청강연회에서 'Banach 공간에서 비선형함수미분방정식의 해의 존재'의 논제로 강연하였다.

1998년 부경대학교 수리과학부 초청강연회에서 'Banach 공간에서 비선형함수미분방정식에 대한 긴밀법'의 논제로 강연하였으며, 1999년에는 경성대학교 대학원 수학과 초청강연회에서 'Banach 공간에서 반군과 발전방정식'의 논제로 강연하였고, 같은 해 울산대학교 자연대 수학과 초청강연회에서 '수학의 특성과 미래'라는 논제로 강연하였다. 그리고 2000년에 대학에서 정년을 하고 2004년에는 중국 연변과학기술대학의 '21세기 비젼특강' 초청강연회에서 '모든 사람에게 수학을'(數學-人類知識之本)의 논제로 강연하였다. 중국어의 제목은 제출한 한국어의 제목을 보고 대학 측에서 정했다. 이 초청강연을 계기로 2년 후 2006년에 연변과학기술대학에 아내와 함께 교수로 부임하였다. 이후 2016년 2월까지 10년간 봉사하였으며, 2016년과 2017년 7월의 여름학기에도 강의로 봉사하였다.

'정직한 사회는 정직한 캠퍼스로부터'라고 해도 과언이 아니다. 연변과기대는 중국에 있는 여타 대학과 다르다. 중국 천여 개의 대학과 차별이 되는 것은 '정직한 사람을 길러내는 대학'이기 때문이다. 정직한 사람을 길러내지 못하면 차라리 문을 닫는 편이 나을 것이다.

연변과기대가 정직한 캠퍼스 만들기 운동을 벌인지 십수 년이 되었다. 학생으로 하여금 마음속 깊은 곳에 내재하는 양심의 소리를 듣게 하여, 정직한 인격의 소유자가 되게 하는 것이다. 이것은 학교 설립의 이유이자 교육의 목적이며, 부정부패가 관행이 되어버린 사회에서 정직한 생활을 하도록 하는 훈련이며 경험이다.

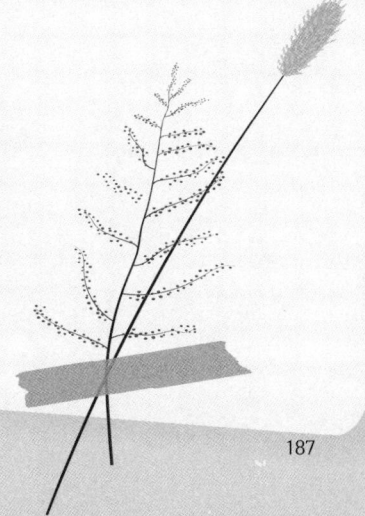

5부
물과의 추억

백두산과 더불어 천지의 물은
동해의 물과 함께
우리 민족 유구함의 상징이며 자존심이다.
천지의 물, 그 고요함은
'조용한 아침'의 나라
백성의 성품이고 평화의 상징이다.

물과의 추억

  물은 사람과는 불가분의 관계에 있다. 몸의 대부분이 물이고 보면 물이 없이는 생존 불가능한 존재임에는 틀림이 없다. 무더운 여름, 목이 타들어 갈 때 생수 한 컵을 들이키면 금방 생기가 돌고 살 것만 같은 기분인데 그래서 '물은 생명이다'라는 말을 하게 되는 것인지도 모르겠다.

  이처럼 사람은 물과 항상 가까이 하고 살아간다. 어릴 때 고향의 산 계곡에서 흘러내리는 물에 몸을 담그고 멱도 감고 물장구도 치면서 또래들과 놀며 늘 가까이해 온 물이다. 더운 날 공원에서 놀다가 해가 기울어지면 온몸이 땀범벅이 되어 집으로 달려간다. 대문 앞에서 '엄마'하고 부르면 어머니는 하던 일도 멈추고 급히 달려 나와 대문 앞에 있는 우물가에서 금방 퍼 올린 시원한 물을 미리 엎드리고 있는 내 등을 찰싹 치고는 '내 새끼 시원하겠다.' 하면서 등에 부으면

'어이 시원타 억억'하는 감탄사가 저절로 나오고 하늘을 나를 것만 같았다.

초등학교 시절 어느 여름, 장마로 동네가 물바다가 되고 저수지가 넘쳐흘렀다. 장마 후 불볕 더위도 식힐 겸 넘쳐흘렀던 저수지가 어떻게 되었는지 궁금해서 동급생들과 가 보기로 했다. 저수지 물은 알맞게 줄어서 헤엄치기 좋은 상태이었다. 이런 물을 보고 가만히 있을 어린이들이 아니었다. 누구의 신호랄 것도 없이 모두 뛰어들었다. 얼마나 급했던지 준비체조도 생략했다. 그런 나머지 나는 수중에서 호흡 조절에 실패하고 두 팔을 휘두르면서 정상적으로 수영하지 못하고 물속을 오르락내리락했다. 순간, 물에 빠진 것을 감지하고 온 힘을 다했으나 소용이 없었다. 불규칙적으로 물속을 오르락내리락 하는 것을 멀리서 보고는 가장 키가 큰 반 친구가 급히 헤엄쳐 와서 물에서 구해 주었다. 성인이 되어서도 그 친구는 나만 보면 싱글벙글했다. 이제는 나보다 작은 키에 나를 올려보면서 자기가 나의 생명의 은인이라고 은근히 과시한다. 생명인 물이 생명을 앗아갈 수도 있는 것에 경고 받고 또한 생명인 물을 통해서 생명의 은인이 생긴 셈이어서 자주 만나지는 못하지만, 그 때 일을 생각하며 감사할 따름이다.

물의 특성은 파동이다. 파동의 물리적 현상을 파악하면 물의 특성을 이해할 수 있는데, 요즈음 물의 특성을 이해하는데 다른 방법이 사용되어 화제다. 물을 얼려서 현미경으로 관찰하면 흰 눈의 경우처럼 6각형의 아름다운 무늬의 모양으로 나타난다. 더욱 신기한 것은 물을 향하여 칭찬하고 그 물을 얼려서 관찰하면 평소의 그것보다 더 화려하고 아름다운 육각형을 나타내어 마치 칭찬한 사람에게 보답이라도 하듯 한다는 것이다. 반대로 나쁜 말을 한 물을 얼려 현미경으로 관찰하면 구겨져서 보기 싫은 모양의 육각형이 나타나 나쁜 말을 한 사람에게 보복이라도 하듯이 한다는 것이다. 70% 이상의 물을 지닌 몸을 가진 인간에게 칭찬을 하면 세포 구석구석에 스며있는 물들이 보이지 않는 가운데서 아름다운 모양으로 표현을 할 것이다. 반대로 나쁜 말을 한다면 또한 어떤 반응이 나타나는지도 같은 이치이다. '칭찬은 고래도 춤추게 한다.'는 말처럼 칭찬은 사람에게는 더 큰 선한 영향력을 미친다.

남미의 이과수 폭포를 보기 전에는 미국과 캐나다 국경의 나아가라 폭포가 세계에서 제일 큰 폭포인 줄 알았는데, 브라질과 파라과이 그리고 아르헨티나 3국의 국경에 위치한 이과수 폭포는 온 지상의 물을 한 곳에 모아 놓은 것 같아 자연의 위대함 앞에 경외감마저 느끼게 했다. 그 규모가 나이야가라 폭포가 한 폭이라면 이과수 폭포는 일곱 폭이다. 그 낙수 소리의 규모나 크기가 새끼를 빼앗겨 소리지르는 독수리 어미의 소리 같았다. 지상의 어떤 소리와도 비교가 안 되는 소름 끼치는 소리를 내면서 목표물을 향하여 아래로 곤두박질치는 독수리 모습이었다.

몇 년 전, 연변과기대의 여름학기 강의를 위해 연변에 있는 동안 대학의 주선으로 주말을 이용하여 일행과 함께 서파를 통해 백두산을 찾았다. 백두산 등정은 이번이 다섯 번째로 서파를 통한 것은 두 번째이다. 계단이 있는 곳까지 자동차로 가서 거기서 1,442개의 나무계단을 오르니, 천지의 물이 어찌나 반가웠던지 눈시울이 뜨거워졌다. 날씨 때문에 천지의 물을 볼 수 있기는 30% 정도라고 하는데, 다행히 그날따라 날씨가 쾌청하여 선명하고 투명한 천지의 물을 볼 수 있었다.

그날도 많은 한국인들이 백두산에 올랐고, 세월이 흐를수록 앞으로 더 많은 사람들이 오를 것이다. 그 외 한국인들도 백두산의 천지의 물을 보고 싶어 할 것이다. 하루라도 빨리 중국을 통하지 않고 경비와 시간이 절약되는 한반도를 통하여 백두산에 올라 천지의 물을 볼 수 있는 날이 오기를 기대해 본다. 몇 년 전에는 남북 지도자들이 우리 땅을 통하여 백두산에 올라 천지의 물을 마시기도 하였다.

흔히들 한반도 쪽에서 볼 때 백두산 천지의 물이 오른 쪽으로 흘러서 두만강이 되고 왼쪽으로 흘러서 압록강이 된다고 하지만, 이 지역에 대한 저명한 학자의 기록에 보면 백두산 천지에서 흐르는 물은 송화강으로 흘러 내려가는 한길뿐이라고 한다. 그래서 압록강과 두만강은 정상 근처와 그 주변의 수많은 작은 발원지에서 흘러내린 물이 모이고 모여 흘러서 압록강이 되고 두만강이 된다는 것이다.

애국가의 '동해물과 백두산이 마르고 닳도록… 우리나라 만세'처럼 백두산과 더불어 천지의 물은 동해의 물과 함께 우리 민족의 유구함의 상징이며 자존심이다. 천지의 물, 그 고요함은 '조용한 아침'의 나라 백성의 성품이고 평화의 상징이다.

중후한 중저음으로 심금을 울려라

 찬양대와 함께 성가를 연주하는 관현악단의 모습이 너무 좋아 보였다. 열다섯 내외의 구성원들이 각각 다른 악기로 화음을 이루고 합창의 반주를 하는 그들이 부러워서 견딜 수 없었다. 그 관현악단의 멤버가 되고 싶었다. 그러나 교수 정년을 약 다섯 달을 남겨놓은 시점인지라 지나친 욕심이 아닌가 생각하기도 했다.
 그런데 꿈을 이룰 절호의 기회가 왔다. 기회가 생겼을 때 놓치지 말아야 하는 법이다. 마침 붉은 벽돌로 단장된 새 성전을 건축하고 입당의 시기가 멀지 아니한 시점이었다. 입당과 함께 새 성전에서 관현악단의 새 멤버가 되기로 마음으로 혼자 크게 다짐했다. 정확히 입당까지는 겨우 두 달이 남아있을 뿐이었다. 이 기회를 놓치면 영영 오지 않을 것 같고 후회가 될 것 같았다.
 연주자는 악기를 닮는다고 했던가. 연주와 악기는 일체가 되어야 한다. 전문 연주자도 아니면서 악기를 닮았다고 하기에는 주제넘은 말이지만 중후한 중저음으로 심연 깊은 곳에서 심금을 울리는 첼로 같은 큰 악기가 좋아 보였다. 묵직하고 풍부한 소리로 함께 연주하는 다른 악기의 소리를 포용하고 바쳐 주는 첼로가 평소에 맘에 들었다. 주저할 것 없이 유명하다는 악기점을 찾았다. 가슴이 두근거렸다. '내가 첼로 연주자가 되다니' 믿기질 않았다. 전문 연주가를 위한 첼로의 가격은 어떤 것은 집 한 채 값 그 이상이란다. 연습용 첼로를 구입하여 집에 갖다 놓고 보았다. 감격스러웠다. 몸 둘 바를 몰랐다. 가슴이 벅차올랐다.

초보부터 레슨에 들어갔다. 악보 보기, 악기 다루기, 활 쓰기, 운지 등이 여간 어려운 일이 아니었다. 처음 대하는 첼로의 습성에 적응하여 악기를 다루고 악보에 따라 연주하기는 쉬운 일이 아니었다. 그래도 두 달간 열심히 레슨을 받고 열과 성을 다하여 연습한 결과, 새 성전 입당과 동시에 관현악단의 첼로 멤버가 되어 연주하는 축복을 누렸다.

성가대의 반주와 함께 연주하는 관현악단의 계속되는 활동으로 생활에 활기가 넘쳤다. 방에 세워놓은 첼로를 볼 때마다 웃음이 저절로 나오고 연습이 재미가 있었다. 다음 찬양곡이 결정되고 함께 연습을 할 때는 연습에 열중할 뿐 아니라, 한 주 내내 집에서 스스로 연습하기에 여념이 없었다. 찬양곡은 첼로 초보자에게는 만만한 것이 아니었다. '복 있는 사람들', '주의 동산으로' 등, 대곡의 연주는 더 많은 연습 시간이 필요했다. 특히 성탄절 축하 연주회에서 자주 연주하는 헨델의 '할렐루야' 합창곡의 반주는 초보자에게는 버겁기도 했지만, 반면에 연주 실력이 한 단계 업그레이드 되는 좋은 계기가 되기도 하였다.

미국에 사는 초등학생 손녀가 할아버지가 첼로를 연주한다는 소식을 듣고 전화를 해왔다.

"할아버지! 한국에 가서 할아버지와 함께 연주하고 싶어요."

"그래, 좋아."

손녀는 초등학교에 입학하기 전부터 바이올린을 배워서 지금은 또래들의 경연대회에서는 입상도 하는 실력을 갖추고 있었다. 할아버지의 이웃에 사는 그의 삼촌도 외과 의사로 피아노를 잘 연주하는 것을 아는지라, 평소에 '닥터 삼촌'이라 부르면서 따르고 있어서 할아버지와 닥터 삼촌 그리고 자기와 삼중주를 하고 싶다고 간곡하게 말하는 것이었다.

미국의 아들 가족이 한국에 올 기회가 생겨서 손녀가 평소에 연주하던 제 바이올린을 둘러 메고 그 먼 미국에서 태평양을 건너 한국에 왔다. 얼마나 소원을 이루고 싶었으면 악기까지 가지고 왔을까? 성의가 보통이 아니다. 손녀는 오는 날부터 삼중주 타령이었다.

교회 앞에서 자신의 바이올린, 닥터 삼촌의 피아노, 할아버지의 첼로의 삼중주가 미국 전통 멜로디인 '어메이징 그레이스'를 연주하는 기회를 갖게 되었다. 교인들이 이 별난 삼중주의 연주를 보고 신기해했다. 닥터 삼촌의 피아노 반주로 1절을 합주하고, 2절은 손녀가 바이올린 독주를 하고, 피아노 간주 후에 3, 4절도 합주를 하여 청중들의 심금을 울렸다. 닥터 삼촌의 능란한 터치의 피아노 반주에 할아버지가 받쳐주는 중후한 저음의 첼로에 맞추어 손녀의 바이올린에서 울려 나오는 '어메이징 그레이스 하우 스위트 더 사운드…'의 연주는 청중을 은혜의 늪으로 빠지게 하기에 충분하였다. 우뢰와 같은 박수 소리가 장내를 진동시켰다.

인사를 마치고 손녀는 기뻐서 어쩔 줄을 몰라 했다. 할아버지와 닥터 삼촌과 함께 연주하고 싶었던 삼중주의 소원을 이루게 되어서 그것도 멀리 태평양을 건너와서 이루기 힘든 연주를 이루었다는 성취감에 빠져 있었다. 이 삼중주는 특히 손녀에게는 평생 잊을 수 없는 추억이 될 것이다.

연변과기대는 음악 활동이 활발한 곳이다. 평소 대학교회의 찬양은 물론, 졸업식이 있을 즈음에는 연변과기대 오케스트라가 축하 공연을 한다. 바이올린, 첼로, 플루트, 클라리넷 그리고 피아노 등 약 사십여 명으로 구성된 오케스트라이다. 연변과기대의 학생들과 교수들 그리고 부속기관인 국제학교 한국학교의 초·중·고 학생들도 동원된다. 짐칸에 보관이 불가능해서 연습용 첼로값보다 비싼 항공권을 첼로 좌석을 위해서 한 장 더 사야 한다기에, 사용하던 첼로를 두고 현지에서 새로 구입하여 나도 오케스트라에 참가하는 영광을 얻었다.

지휘자는 연길 시립연변가무단의 명성 높은 지휘자이었던 분을 겸직 교수로 초빙하였다. 초등학교의 10대 학생으로부터 70대까지의 교수로 구성된 오케스트라이다. 그야말로 '1070 오케스트라'이다. 나는 졸업식 때뿐만 아니라 봄학기, 가을학기에 열리는 축제 때에도, 추수감사절, 성탄절 때도 '1070 오케스트라'에 고정 출연하여 중추적인 역할을 했다. 특히 어느 해 성탄절 축하 공연에서 연주했던 엘가의 '사뤼 아무르', 바흐의 '인류의 기쁨 되시는 주'를 위시하여 쇼스타코비치의 '왈츠', 비발디의 '사계절 중에서 겨울' 그리고 헨델의 '메시야' 중에서 '할렐루야' 등의 연주가 기억에 남는다.

어버이날에

오월은 '가정의 달'로, 오월만 되면 마음이 훈훈해진다. 가정의 중요성을 제고하고 가정 구성원 간의 책임과 의무를 재정립하여 가정의 행복을 추구하려는 목적으로 오월을 가정의 달로 기념하게 된 것이리라. 오월을 계절의 여왕이라고도 하며, 오월을 상징하는 꽃은 '장미대선'이라고도 불리는 탐스러운 장미이다.

가정의 주 구성원은 부모와 자녀이다. 어버이날에 부모님께 카네이션을 달아드려서 효도하고 싶지만, 효도 받으려고 기다려 주시지 않는다는 말처럼 세상을 떠나신 지 수십 년이 흘러간지라, 산소라도 찾아가서 장미 대신 카네이션을 헌화하고 싶다.

싱싱하고 진한 녹색의 잔디에 둘러싸인 봉분 앞에 서니, 부모님에 대한 추억이 새록새록 뇌리에 솟아올라 눈시울이 뜨거워진다. 그 추억거리가 어디 한두 가지뿐이랴?

아버지는 점잖은 선비의 성품을 지닌 공무원이었으며, 어머니는 모든 일에 자신이 넘치고 생활에 적극적인 열혈 주부이었다. 시골에서 부농이셨던 할아버지는 손자 손녀들의 교육을 위해서 장남인 아버지에게는 읍내에 살림집을 마련해 주셨으며, 차남인 삼촌에게는 읍내 장터에 담배 가게를 겸한 상점을 장만해 주시고, 수시로 그곳을 방문하셨다.

초등학교 입학식을 며칠 앞둔 어느 날, 마침 할아버지가 와 계시는 삼촌 집 담 밑에서 친구들과 햇볕을 받으면서 즐겁게 놀고 있는데, 담뱃가게 탓인지 한 친구가 종이를 말아 입에 물고 담배 피우는 시늉을 하면서 '우리 담배 피우기 놀이 하자'고 제안했다. 모두들 동의하고 담배 집 손자인 나부터 하란다. 우쭐해하면서 종이를 권연과 같이 말아서 입에 물고 다른 쪽에 불을 붙이고 흡입하는 순간 불은 순식간에 종이를 다 태우고 입술마저 태워버렸다. 나는 놀랍기도 하고 따갑기도 해서 큰 소리로 울면서 발을 동동 굴렸다. 이 광경을 보고 다른 친구들도 놀라 울면서 도망하기에 바빴다. 그날 저녁 어머니의 호된 꾸중을 들었지만, 참기름에 아궁이에서 가져온 약간의 재를 버무린 민간요법의 약을 바르면서 검게 변해 버린 입술을 보고 안타까워 위로해 주시던 어머니의 음성이 귀에 쟁쟁하다. 며칠 후 초등학교 입학식에는 검은색의 입술 그대로 아버지의 손에 이끌리어 참석했다. 주위의 시선이 내 입술에 집중되는 듯했지만, 아버지의 강력한 손이 주위의 시선에 아랑곳하지 않게 이끌어 주셨다. 아버지의 그 부드러우면서도 든든한 손길이 지금도 느껴지는 듯하다.

나는 어머니의 부엌일을 돕는 일을 좋아했다. 중학교 시절 어느 학기 말 때 미리 나온 성적을 보고 지난 학기보다 몇 점 떨어진 것을 확인했다. 그날도 학교에서 돌아와서 부엌 아궁이에 불을 지피는 어머니 옆에 앉아서 미안한 마음으로 '엄마 나 성적이 좀 떨어졌어'라고 말을 하니까, 어머니는 대뜸 정색을 하고 오른 뺨을 힘껏 때리고는 '성적이 떨어지다니'하면서 화를 많이 내셨다. 나는 더는 그곳에 있을 수가 없어서 울면서 밖으로 뛰쳐나갔다. 어머니가 너무 한다 싶기도 하고 '우리 엄마가 맞아'라고 생각하면서 집 앞에 있는 공원 바위 위에 앉아 실컷 울었다. 그러면서 '앞으로 더 잘하라는 표시일 것이야'라고 생각하면서 어머니에 대한 원망을 거두고, 앞으로는 더 열심히 공부해서 다시는 성적이 떨어지는 일이 없도록 해야 되겠다고 다짐하고 또 다짐했다. 중학교를 지나서 고등학교에 진학한 후에도 이 다짐에는 변함이 없었으며 결국 고등학교 졸업할 때는 수석 졸업의 영광을 얻었다. 성적이 떨어졌다고 크게 화를 내시던 어머니는 수석으로 졸업했다고 얼마나 기뻐하시던지. 그것이 힘이 되어 대학교도 다니고, 외국 유학도 가서 석박사가 되고 평생 공부하고 가르치는 교수의 직을 갖게 되었다.

아버지는 고향인 창녕의 공무원으로 계시다가 거창 지방의 공무원으로 전근을 가게 되셨다. 마침 그곳에 공비 사건이 발발하여 겨우 목숨만 부지하고 고향으로 돌아오셨다. 거창사건의 현장에서 당한 충격을 이기지 못하여 공무원을 그만 두고 해방 후 토지개혁으로 얼마 남지 않은 논밭으로 농사를 시작했다. 평생 공무원으로 사시던 분이 농사는 과분한 고역이었다. 고등학교 시절에 나도 아버지를 따라 농사일을 도왔다. 더운 여름 먼지 날리는 밭매기를 하고, 다리에 기어올라 피를 빨아먹는 거머리와 싸우면서 논매기를 했다. 냄새나는 똥장군을 지게에 지고 가서 밭가에 쌓인 거름을 질 좋은 퇴비로 만드는 일 등, 농사가 여간 힘 드는 일이 아니었다. 그러다 보니 가정 형편이 말이 아니었다. 이러다간 대학에도 가지 못할까 봐 걱정이었다. 그럴 때 어머니의 단호한 결단이 효과를 거두었다. '끼니를 거르는 한이 있더라도 대학은 보낸다'는 결심하에 목돈이 필요한 대학 등록금을 위해서 이웃과 계를 조직했고 오일장에서 시골에서 오는 곡식을 도매로 사서 소매로 팔아 그 차익으로 생계를 이어가기도 했다.

  어버이날에 아버지의 선비 정신에서 나타나는 점잖음과 어머니의 지나치다고 생각될 만큼의 단호함에서 우러나오는, 다함 없는 부모님의 사랑이 생각나서 간절한 그리움이 뜨거운 눈물이 되어 흘러내린다.

친구

유안진 님의 「지란지교(芝蘭之交)를 꿈꾸며」라는 시를 읽은 적이 있다.

"저녁을 먹고 나면 허물없이 찾아가

차 한 잔을 마시고 싶다고 말할 수 있는

친구가 있었으면 좋겠다.

비 오는 오후나, 눈 내리는 밤에도

고무신을 끌고 찾아가도 좋은 친구

밤늦도록 공허한 마음도

 마음 놓고 보일 수 있고

악의 없이 남의 얘기를 주고받고 나서도

말이 날까 걱정 되지 않은 친구가…

영원이 없을수록 영원을 꿈꾸도록

   서로 돕는 진실한 친구가 필요하리라

   그가 여성이어도 좋고 남성이어도 좋다

   나보다 나이가 많아도 좋고 동갑이거나 적어도 좋다."

 참으로 허물없이 편안한 마음으로 대할 수 있는 친구를 원하고 있는 자세가 너무나 아름답다. 제목처럼 꿈만 꾸는 것인지 실제로 그런 친구가 있을지 모르겠다. 그리고 지금 생각해 보니 초·중·고·대의 긴 학창 시절을 보내고, 수십 년 직장 생활을 하는 동안 수많은 사람이 스쳐 지나갔어도 이렇다 할 특별히 친한 친구를 얼른 말할 수 없는 것이 안타깝다. 좋은 친구가 없는 사람은 뿌리 깊지 못한 나무와 같다고도 했는데, 참친구를 갖지 못한 것은 전적으로 나의 탓인지도 모르겠다.

 그런데 가만히 생각해 보면 나에게도 일제 시 국민학교라 말하던 초등학교 시절 두 동급생 친구는 위의 시속의 그런 친구라 말할 수 있을 것 같기도 하다. 한 친구는 지물점 집 아들이었고 또 다른 한 친구는 제과점집 아들이었다. 그런대로 두 가정이 넉넉하고 행복한 편이었다. 두 친구 다 공부를 열심히 하는 편이었고 놀기도 좋아하는 명랑한 친구이었다. 성격이 좋아서 자주 어울리는 편이었다. 만날 일이 있거나 만나보고 싶을 때 언제나 가서 만날 수 있는 친구이었다. 사는 집으로 가지 않고 지물점이나 제과점으로 갔다. 친구가 있으면 같이 숙제도 하고 그림도 그리고 딱지치기도 했다. 시간 가는 줄을 모르게 친구와 시간을 보내었다.

　친구가 없을 때는 외람되지만 지물점과 제과점을 하는 친구의 아버지들이 친구가 되었다. 지물점집 아버지는 기독교 가정답게 만날 때마다 교회에 잘 나가느냐, 아버지는 무엇을 하시느냐, 부모님들도 교회에 나가시느냐 하고 물으시면서 떡을 비롯한 과일 등을 간식으로 나누어 주셨다. 제과점 집 아버지도 역시 아버지의 직업이나 수입이 얼마나 되는가를 물으시면서 과자를 굽다가 한쪽 귀퉁이가 떨어져 나가서 상품 가치가 없는 과자를 간식으로 내놓으셨다. 한쪽 귀퉁이가 떨어져 나갔다고 해서 과자 맛이 덜한 것이 아니었다. 두 아버지들의 유익하고 재미있는 이야기와 맛 좋은 간식으로 아버지들과의 대화 속에서 친근감이 더욱 두터워져 갔다. 그 사이에 친구가 오면 또 친구들과 어울렸다.

　지물점집 아들은 대대로 기독교 가정의 영향을 받아서 기독교 신자이었다. 나를 교회의 주일학교에 인도한 고마운 친구이다. 그렇다고 착실하게 주일학교에 출석하는 편도 아니었다. 제과점집 아들은 어릴 때부터 돈을 벌어 부자가 되겠다는 야심찬 꿈을 가지고 있었다. 한번은 어디서 들었는지 어린 것이 밀수를 하면 큰돈을 벌 수 있다면서 어른이 되면 밀수를 하겠다는 엉뚱한 생각을 하고 있었다. 그때는 밀수라는 것이 어떤 것인지 분명하게 알지 못하여서 강하게 만류하지 못한 것이 후회가 된다.

　그런데 대학 공부를 위해 도시로 옮긴 후로는 두 친구의 안부를 알지 못한다. 그들의 아버지들은 이미 세상을 떠났을 것이다. 지물점집 아들은 신앙 생활을 계속하고 있는지. 그 제과점집 아들은 어릴 때의 소원처럼 밀수를 해서 돈을 많이 벌어 부자가 되었는지, 아니면 밀수가 발각이 되어서 감옥살이를 했는지, 혹시 둘 다 이 세상을 떠났는지 알지를 못한다.

　친구 따라 강남 간다는 속담도 있는데 지금껏 교분을 나누지 못하고 있는 사이가 무슨 친구이겠는가 싶기도 하다. 어려울 때 친구가 진짜 친구라는 말도 있는데, 어려움에 있는지 없는지도 모른다면 아무런 소용이 없는 것이 아니겠는가. 친구는 옛 친구가 좋고 옷은 새 옷이 좋다고는 하지만, 교류가 없으니 옛 친구도 무용지물이다. 성경에 "사람이 친구를 위하여 자기 목숨을 버리면 이보다 더 큰 사랑이 없나니."라고 했는데, 늦었지만 지금이라도 그 친구들의 안부를 수소문 해 봐야 하겠다.

우리의 각성이 필요한 때

　한중 국교가 있기 전, 중국 사회과학원 초빙교수로 와 있었던 미국 국적의 한 한국인이 1992년 조선족자치주의 주도 찌린(吉林) 시에 세운 연변과학기술대학(과기대)에 재능기부 차 지난 10년간 아내와 함께 교수로 다녀왔다. 중국의 교수 정년이 62세이고 보면, 한국 대학에서 65세 정년 이후에 갔으니까 과기대의 특성상 처음에는 정년의 적용을 받지 않게 하는 중국의 특별한 배려에 힘입은 것으로, 그 배려에 감사할 따름이다. 그러나 지금의 주석이 취임 일성으로 법치주의를 내세운 이후 중국의 분위기가 달라졌다. 법을 어기고 부정을 저질렀던 고위 정치인들이 하루아침에 지위를 박탈당하며 쇠고랑을 차는 등, 불법을 행하는 자들의 가차없는 처단으로 준법의 분위기로 변해가고 있었다. 이 시점에 발맞추어 과기대도 예외가 아니었다.
　과기대에 적용했던 배려의 일부를 거두어 감에 따라 일시에 65세

이상 되는 많은 교수들이 과기대를 떠나야 했고, 결국에는 과기대도 62세 정년을 적용받게 되었다. 법치주의에 따라 법을 지키며 살겠다는데 대하여 어떤 이유도 댈 필요야 없겠지만, 이에 대한 대책을 세울 겨를도 없이 일시에 교수 부족 현상을 겪을 수밖에 없어 대학은 당황하게 되고, 그 피해는 고스란히 학생들에게 돌아갈 수밖에 없었음이 안타까울 뿐이었다. 이해할 수 없는 일이었다.

이뿐만이 아니었다. 현지에 세워진 민족대학인 연변대학과 합작하여 운영하게 되어 과기대가 연변대학의 한 단과대학으로 편입하게 되었다. 이를 중국과 외국과의 합작이라고 해서 '중외 합작'이라고 했다. 과기대에서는 최초의 중외 합작이라고 하면서 기뻐하고 이를 대학의 홍보 자료로도 사용하였다. 중외 합작을 통하여 국가에서 학생을 모집하여 각 대학에 배정해 주는 제도에 따라 과기대도 질 좋은 학생들을 모집할 수 있었고, 후에는 연변대학이 과기대와 함께 중국의 자랑스러운 100대 대학의 반열에 오르게 되었다.

그런데 4반세기를 지난 지금 연변대학은 과기대의 재산을 연변대학에 귀속시키라고 했단다. 그렇지 않으면 중외 합작을 지속할 수 없다고 했다는 것이다. 어떤 사정이 있었는지 모르지만, 과기대는 이를 거절했다. 과기대의 재산이 어떻게 형성된 것인데…. 발품을 팔면서 한국을 비롯한 세계 각국에서 연변 조선족의 고등교육을 위한 과기대의 설립 목적에 동의하는 독지가들의 기부로 장기간 형성된 재산을 어떻게 연변대학에 귀속시킬 수 있겠는가? 그래서 어려움이 있겠지만 민빤(民辦)대학, 즉 사립대학으로 거듭나서 과기대를 운영해 나가기로 결정하고, 정부의 승인을 획득하기 위해 수속을 추진하고 있다는 소식이다. 꼭 성공하기를 바란다. 과기대에 대한 시종의 대처가 너무 상이한 것이 안타까울 뿐이었다.

최근에 우리 대통령이 중국 주석의 초청으로 중국을 방문했다. 그것도 '국빈 방문'이었다. 이번 방중에 과기대의 일을 견주어 보는 것이 무리일지 모르겠지만, 이번 국빈 방문을 두고 국내에서는 정계와 언론계 그리고 국민들 간에 의견이 분분하여 그 반응이 달랐다. 명색이 국빈 방문인데 공항에 영접 나온 인물이 다른 나라의 경우와는 달리 급이 낮은 인물의 영접을 받았다. 국빈 방문 중 두 끼를 제외하고는 한국 사람끼리 식사를 했으며 귀빈들과 인사를 나누는 가운데에 그쪽 장관급의 인물이 우리 대통령의 팔을 가볍게 쳤다. 더욱이 공안 경비원들이 우리 대통령 수행 기자들에게 집단으로 폭행을 가했다는 등으로, 우리 대통령이 처음부터 홀대를 받았다. 국빈 초청과 홀대가 과기대의 시종과 다름이 없다.

반면에 홀대란 어불성설이라는 여론이 있어 다행이라고 해야 할는지 모르겠다. 국빈만찬은 어느 나라의 그것보다 훌륭한 것이었고, 두 번의 확대 및 소규모의 정상회담은 어느 정상회담보다 진지하고 길었다. 우리끼리의 식사 문제는 다른 나라의 국빈 원수들에게도 있던 일이었으며, 대신 우리 대통령은 한류 스타들도 함께하여 그곳 서민들의 식당을 찾아 식사를 함으로써 서민적인 대통령의 인상을 심어 주었으며 결국 12억 서민들과 함께 식사를 했다는 의미를 부여했다는 것이다. 그런데 무엇보다 우리 국민들은 이번 국빈 방문을 통하여 사드 문제로 껄끄러웠던 양국 사이가 정상화되어 우리 기업에 대한 보복이 사라지고 관광 재개 등 인적 교류가 회복되기를 바랐다.

사드 문제로 국론이 이미 분열되어 있는 데다 우리 대통령의 국빈 방문에 대하여서까지도 국론이 분열이 되는 것은 우리 국익에 아무런 도움이 되지 않는다. 주변 강대국들을 예의 주시하면서 주권 국가답게 대처하도록 우리의 각성이 어느 때보다 필요한 때인 것 같다.

어느 스승의 날에

어느 해 스승의 날에 걸맞게 스승의 날의 노래 「스승의 은혜」가 방송을 타고 울려 퍼지고 있었다.

스승의 은혜는 하늘 같아서
우러러 볼수록 높아만 지네
참 되거라 바르거라 가르쳐 주신
스승은 마음의 어버이시다
아아 고마워라 스승의 사랑
아아 보답하리 스승의 은혜

어린이합창단의 노래가 마음을 흐뭇하게 했다. 태산과 같이 무거운 스승의 사랑을 고마워하고 바다와 같이 깊은 사랑에 보답하리라는 내용으로 2, 3절은 계속되어 가고 있었다.

 스승의 날은 처음부터 정부 차원에서 출발한 것이 아니었다. 1958년 충남의 한 중고등학교 소년 적십자 단원들이 5월 8일 세계 적십자의 날을 맞아 병중에서 신음하는 스승이나 퇴직한 스승들을 방문하여 위로하면서 시작이 되었다. 이것이 계기가 되어 교권을 존중하고 스승을 공경하는 사회적인 풍토를 조성하여 교원의 사기를 진작시키고 사회적 지위를 향상 시키기 위하여 스승의 날을 제정하자는 의견이 제기되었다. 그래서 1963년 청소년 적십자단 중앙학생협의회에서는 5월 26일을 '은사의 날'로 정하고 여러 가지 사은의 행사를 하였다. 1965년부터는 우리 겨레의 위대한 스승이신 세종대왕의 탄신일인 5월 15일을 '스승의 날'로 하여 각급 학교 및 교직 단체가 주관이 되어 사은 행사를 실시했다.

 그 뒤 1973년에는 스승의 날에 일부 부정적인 사은 행사의 흐름이 정부의 서정쇄신 방침에 저촉이 된다고 해서 스승의 날이 폐지되는 아픔을 겪기도 했다. 그러나 1982년 스승을 공경하는 풍토를 조성하자는 여론 때문에 스승의 날이 부활이 되어 오늘에 이르고 있다.

 스승의 날에 스승에 대한 사은 행사로는 스승의 날 기념식을 거행하고 이 자리에서 교육 공로자를 정부에서 포상하며, 수상자에게는 국내외 산업 시찰의 기회가 주어지기도 했다. 각급 학교에서는 선생님들에게 카네이션을 달아드리고 기념품을 증정하며 어떤 학교에서는 선생님의 발을 씻어드리는 세족식을 갖기도 했다. 또 각급학교 동창회나 여성 단체를 비롯한 사회 단체가 스스로 '옛 스승 찾아 뵙기 운동'을 전개하여 스승의 은혜에 감사하고 사제 관계를 더 깊게 하는 한편, 은퇴한 스승 중 병고와 생활고 등에 시달리는 스승들을 찾아 위로하기도 했다. 또한 선후배 및 재학생들은 옛 은사와 스승을 모시고 '은사의 밤'을 열어 스승의 은혜에 감사하며 스승의 역할에 대한 특별 강연과 좌담회, 다과회 등도 개최했다.

최근에는 양상이 많이 달라졌음을 느낀다. 소위 김영란법의 영향으로 스승에게 마음 놓고 카네이션 하나 달아드리지 못하고 감사와 존경의 뜻을 전하는 선물로 고마움을 표시하지 못하는 것이 안타깝다. 심지어 스승에 대하여 존경의 마음은 고사하고 심할 때는 폭력을 가하기도 하고 성희롱까지 한다는 소식은 우리의 마음을 슬프게 한다. 그래서 그런지, 오히려 스승의 날 폐지를 요구하는 일도 있고, 스승의 날에 선생님들이 교문에 빵을 준비해 놓고 등교하는 학생들에게 나누어 주는 모습을 메스컴에서 보고 마음의 혼란을 느꼈다.

아내는 대학에서 30여 년간 봉직하다가 10여 년 전에 정년퇴임을 하였다. 금년 스승의 날에 오직 한 제자에게서만 축하의 문자메시지가 왔다. 그는 아내가 아끼고 사랑하던 제자이었으며 아내처럼 대학교수로 봉직하다가 얼마 전에 정년퇴임을 했다. 이 나이까지 스승의 날을 기억하고 옛 스승을 축하해 주기는 쉬운 일이 아니다. 아내는 감격해서 회답의 메시지를 즉각 보내고 그때부터 아내는 바쁘기 시작했다. 스승의 날이면 축하 메시지를 보내올 만한데도 그렇지 않은 10여 명의 제자들 스마트폰 번호를 찾느라 부산했다.

그리고 찾는 대로 그동안 어떻게 지내느냐고 메시지를 보냈다. 아니나 다를까, 한두 명을 제외하고는 대부분 제자들이 스승의 날에 축하 메시지를 보내드리지 못해서 죄송하다는 말과 자신의 졸업기수는 잊어버려도 교수님의 이름은 잊지 않는다는 사람이 있는가 하면, 자신의 대학 생활 중 가장 기억에 남는 것이 교수님의 그 열정적인 강의인 것과 교수님은 영원한 나의 멘토라고 하는 등, 여러 가지 좋은 말로 회답의 메시지를 보내 왔다.

  나에게도 두 제자의 축하 메세지가 도착했다. 교수 정년을 얼마 앞두고 있으면서도 계속 외국의 학자들과 공동연구를 하고 지금은 중국의 한 대학에 초청을 받아 공동연구 중에 있다면서 이렇게 된 것은 학창 시절 교수님의 훌륭한 지도 덕분이었다는 제자였다. 또 한 제자는 학창 시절 교수님의 열정을 본받아 교수 생활을 했더니 금년에 자기 대학에서 최우수 교수상을 수상하게 되었다면서 감사의 메시지를 보내왔다. 이렇게 기분 좋은 소식도 전해 듣는 스승의 날에 한편 책임감도 느낀다. 이들의 앞길에 꽃길이 펼쳐지기를 소원해 본다.

새 일왕으로 생각나는 것들

고고의 소리와 함께 세상에 태어나 보니, 일제 식민지 지배하의 '쇼와'를 연호로 하는 제124대 쇼와 일왕의 시대이었다. 우리나라의 이름으로 출생신고를 했지만 몇 년 후에 신사참배와 황국신민서사 암송 등, 일제의 민족 말살 정책의 일환인 창씨 개명에 따라 일본식 이름으로 개명했다. 초등교육의 장인 '국민학교'라 불렀던 초등학교에서는 일본의 말과 글만 사용하였고, 일본 국가 '기미가요'를 불렀다. 뿐만 아니라 일왕의 왕궁이 있는 동쪽을 향하여 절하는 '동방 요배'를 하였고, 등교와 동시에 학교 신사에 먼저 들러서 참배한 후 교실로 갔으며, 교실 정면 칠판 위 벽에는 항상 일장기가 걸려 있었다.

국민학교 저학년 때는 우리나라가 일제 식민지 지배하에 있었던 것도 인식하지 못한 채 그저 그렇게 지내 왔지만, 고학년이 될수록 마음속에 저항심이 조금씩 일기 시작했다. 그러나 생각뿐이지 행동으로 표현하지는 못했다. 먼저 우리 말과 글이 있는데 왜 일본말과 글만 사용하느냐는 생각이 들었다. 신사는 일본 신사인데 왜 우리가 참배해야 하는가? 라는 의문이 들게 되었다. 그래서 차츰 신사참배는 형식적인 것이 되었고, 언어적으로는 예를 들면 쌀의 일본어가 '고메'이기 때문에 '배가 쌀쌀 아프다'를 '하라가 고메 고메 이다이'라고 하면서 우리끼리 깔깔 웃어대기도 하였다.

쇼와 일왕은 1926년부터 63년간 재임하면서 제2차 세계대전을 일으켰으며, 이 전쟁으로 수많은 우리 국민을 비롯한 아시아인들과 태평양 주변 국가의 국민들에게 고통을 주었다. 더욱이 우리 국민들을 위안부와 강제 징용으로 끌고 가서 인간 이하의 생을 살게 하였다. 쇼와 일왕은 일본 국민들에게 '인간의 모습으로 세상에 나타난 신이라는 '현인신'으로 추앙을 받았지만, 히로시마와 나가사키에 떨어진 두 발의 원자탄으로 결국 1945년 8월 15일 '대동아 전쟁의 종결조서'라는 이름으로 연합국에 대한 사실상의 항복 문서를 라디오 방송을 통하여 떨리는 음성으로 발표하던 것이 기억에 생생하다.

일본은 패전국이 되었고 우리나라는 해방이 되었다. 이와 때를 같이하여 손과 손에 태극기를 들고 대한 독립 만세를 부르며 거리를 행진하고, 공원에 세워 둔 신사를 불태우기도 하였다. 전쟁 말기에 물자의 부족을, 특히 유류의 부족을 채우기 위하여 국민학교 상급생들에게 부과한 '소나무 관솔 1kg 채집'이라는 1945년 여름방학의 숙제는 없었던 것으로 되어 버렸다.

우리나라가 해방이 되어 좋기도 했지만 어린 마음에 걱정이 앞섰다. 그것은 앞으로 우리나라의 역사로 무엇을 배울 것인지, 국가는 무엇을 부를 것인지, 국기는 무엇으로 할 것인지 등이었다. 그러나 그러한 것은 어린 내가 걱정할 것이 아니었다. 일본보다 유구한 우리나라의 역사가 있었고 아름답고 훌륭한 애국가와 태극기가 있었다는 것을 안 것은 그리 오래 가지 아니 하였다.

종전 이후 쇼와 일왕은 '인간 선언'으로 신에서 인간으로 돌아왔으나, 전쟁으로 피해를 입은 나라에 사과를 했다는 기억은 없다. 종전 후 미군정 당국은 일본을 통치하기 위해서는 일왕의 존재가 필요했음으로 전범의 자리에서 면책을 해 주었다. 그리고 절대적 친정 군주에서 일본 국민 통합의 상징적 존재로 신분이 바뀌어졌다. 그래서 그런지, 전쟁으로 고통당한 주변 국가들에게 사과할 필요가 없다고 생각한 것인지도 모르겠다.

1989년 쇼와 일왕이 병으로 서거하자 온 일본 국민이 침통한 가운데 그의 장남이 56세에 연호를 '헤에세이'로 하는 제125대 일왕으로 즉위하였으며 재위 기간은 30년이었다. 재위 초기에는 부왕의 존재에 가리어서 그의 존재감은 미미했으나 세월이 지날수록 국민통합의 상징으로 나타나기 시작했다.

일본 정부나 정치인들이 전쟁의 피해를 입은 주변국에 대한 사과와 그 책임을 말하지 않은 것과는 달리, 헤이세이 일왕은 기회 있을 때마다 과거를 돌아보며 깊은 반성을 한다면서 다시는 전쟁의 참화가 되풀이되지 않기를 바란다고 하며, 전쟁으로 피해를 입은 나라들을 향하여 부왕이 하지 못했던 전쟁에 대한 사과를 하기도 하고 세계

평화의 메시지를 전하기도 했다.

　우리나라에 대해서는 781년부터 25년간 재위한 제50대 간무 일왕의 생모가 백제 무령 왕의 자손이라고 강조하면서 친근감을 나타내기도 하였다. 또 일본국 내에서는 장애인과 지진이나 수해 지역의 이재민들에게 다가가 무릎을 꿇고 위로의 말을 전하는 메시지를 발표했다.

　레이와 새 일왕은 전후 세대로 전쟁으로 고통받았던 주변국을 얼마나 이해할 수 있을지는 모른다. 정치권이 증거가 없다는 위안부와 강제징용의 문제를 어떻게 생각하고 있는지는 두고 봐야 할 것 같다. 부왕처럼 세계평화를 역설은 했지만, 현재의 평화헌법을 개정하여 전쟁이 가능한 보통 국가를 지향하려는 정치권을 어떻게 극복해 나갈지가 관건일 것이다.

융프라우 봉우리

 십 년 동안 연변에 있으면서 다섯 번씩이나 백두산 산행을 했으니, 오랜 꿈을 이룬 셈이 되었다. 그러면서도 눈물 나도록 아쉬운 것은 우리 땅을 통하여 가지 못한 것이었다.
 중국에서 백두산에 오르는 데는 네 길이 있는데, 북파·남파·서파·동파가 그것이고, 앞의 세파는 중국 땅으로 통하고 또 한 길인 동파는 북한에서 올라가는 길이다. 여기서 파(坡)는 언덕 또는 비탈이라는 뜻이다.
 백두산 관광객들은 주로 비교적 오르기 쉬운 북파를 이용한다. 남파는 가장 최근에 길이 열렸고 2,000여 개의 계단이 있는 서파는 제일 끝으로 이용하는 길이 되었다. 북한에 있는 동파로는 통일이 된 후에야 가능한 길이다. 역시 백두산은 그 경치도 아름답지만, 우리 백성들의 통일의 염원이 뼈저리게 담겨 있는 대표적인 곳이다.

백두산 하면, 그 정상에 있는 천지를 빼놓을 수가 없다. 격변하는 날씨 탓에 천지를 볼 수 있는 확률이 낮아서 백두산에 오르긴 해도 천지를 보지 못하고 허탕 치고 내려오는 경우가 허다하다. 다행히 나의 모든 경우, 천지를 보는 영광을 안았다. 어떤 경우는 백두산에 올라가는 도중에 사방에서 비구름이 몰려와 정상에서 천지를 볼 수 있을까 걱정을 했지만, 정상에 가까이 다가가는 사이에 몰려오던 구름이 사방으로 흩어지고, 맑은 하늘 아래 눈 덮인 백두산이 눈앞에 전개되어 백운봉과 장군봉 등 여러 개의 고봉이 굽어보는 가운데 천지는 푸른빛을 안고 평화롭게 백두산의 품에 안겨 있었다. 구름은 춤을 추며, 바람은 노래하니, 형언할 수 없는 자연의 조화가 천지와 함께 연출되었다. 이런 아름다운 풍경을 남북이 함께 즐기는 날을 기대해 본다.

　유럽 여행 중에 음악의 나라 오스트리아를 지나 스위스로 향했다. 제네바에서 1박하고, 스위스의 알프스에서 가장 높은 봉우리 중의 하나인 융프라우로 향했다. 인터라켄 오스트역에서 등산 열차로 융프라우의 정상을 향하여 출발하였다. 해발 3,454m로, 열차의 차창 밖에 펼쳐지는 은백색의 산봉우리와 빙하가 장관이다. 융프라우 정상에서 바라보는 알프스의 경관을 보고는 감탄을 금할 수 없었다. 얼음 동굴을 지나고 리프트로 정상에 올라 만년설을 밟으며, 강풍에도 불구하고 거기 꽂아 놓았던 적십자의 스위스 국기 아래서 기념 촬영을 하였다. 실수로 강풍에 놓친 모자가 만년설에 미끄러져 깊은 계곡으로 날아가 버렸다. 지금도 그 모자는 융프라우의 눈 덮인 계곡에서 뒹굴고 있을 것이다.

　융프라우는 사계절 언제나 눈 덮인 알프스산맥의 절경을 감상할 수 있고, 또 등산 열차를 타고 3,500여 m의 고지에서 바라볼 수 있는 다른 유럽이라고 하겠다. 워낙 높은 고지대라 산소가 희박하여 호흡에 다소 곤란을 느꼈지만, 눈꽃과 그림을 그린 듯한 자연의 경관에 흠뻑 젖어 들었다.

　세계의 관광객을 끌려면 경치가 이런 정도는 되어야 하지 않을까. 유럽은 역시 자신들이 제조한 관광 상품이 아니더라도 자연이 제공한 관광 상품으로 그들의 부를 누리고 있다.

광야

　십 오륙 년 전의 일이다. 사해를 떠난 관광버스가 갈릴리로 가는 아스팔트 길을 달리고 있었다. 차창 밖은 풀 한 포기, 나무 한 그루 없는 메마른 산야였다. 문득 광야라는 말이 생각나서 비록 출애굽한 이스라엘 백성들이 지나갔던 광야 길은 아니더라도 그 광야를 몸소 한 번 체험해 보고 싶어, '내려서 한 시간쯤 걸어가 보자'고 제의한 일이 있었다. 그랬더니 '더위 먹으면 안 된다', '일사병에 걸릴 것이다', '불어오는 모래바람을 어떻게 감당할 것이냐' 등, 일부 일행들의 부정적인 반응 때문에 광야를 몸으로 체험할 좋은 기회를 놓쳐서 아쉬웠다.
　성경에 나오는 광야는 신약에서는 인적이 드물고 경작할 수 없는 곳을 의미하고, 구약에서는 메마르고, 황폐해서 농사까지는 불가능하지만 약간의 물과 목초는 있어서 목축은 어느 정도 가능한 곳을 의

미한다고 한다. '광야' 하면, 애굽에서 나온 이스라엘 백성들의 불신앙 때문에 40여 일이면 되는 가나안으로의 여정을 40여 년간 유리 방황의 세월을 보냈다는 그 광야가 생각난다. 고난과 저주의 세월이기도 했지만, 희망과 기적을 체험한 기간이기도 했다. 이때의 광야는 시내반도 전체를 망라하여 북쪽으로 유대 지방까지 이르는 지역을 말한다.

그러면 광야란 어떤 곳인가? 이스라엘 백성들의 광야 생활을 따라 더듬어 본다. 먼저 이스라엘 백성들은 '광야에서 죽는 것'을 좋지 않게 생각했다. 막 출애굽 한 그들 뒤를 따라 바로의 병거 부대와 기병대들이 추격해 오는 것을 보고 심히 두려워한 나머지 모세를 향하여 어찌하여, 우리를 애굽에서 이끌어내어 이 "광야에서 죽게 하느냐, 애굽 사람을 섬기는 것이 광야에서 죽는 것보다 낫겠다."라고 항변하였다. 결국, 홍해가 갈라지고 합해지는 놀라운 기적으로 그들은 구원을 얻고 애굽의 병사들은 수몰되어 '광야에서 죽는 일'은 일어나지 아니했다.

그들 앞에는 광야는 계속되었다. 광야에는 물도 양식도 없었다. 그래서 정상적인 생활이 불가능했다. 홍해에서의 구원의 기쁨도 잠깐, 시내반도 서해안 쪽을 따라 수르광야를 사흘 동안 지나갔으나 물 한 방울 얻지 못했다. 중도에 마라에서 쓴 물과 엘림에서 소규모의 오아시스를 발견하긴 했어도 엘림과 시내산 사이의 신 광야에서는 먹을 떡도 고기도 없어서 주려 죽게 되었고 신 광야를 지나 르비딤에 이르렀을 때도 여전히 물이 없어서 생축과 함께 목말라 죽을 지경이었다.

광야는 신(神)을 잃는 곳인 동시에 사람도 없다. 모세가 하나님의 계명을 받으러 시내산에 올라가서 늦게 나타나는 사이에 그들은 아론에게 "우리를 출애굽시킨 사람은 어찌 되었는지 모르니 우리를 인도할 신을 만들라."고 하였다. 아론은 금으로 송아지 형상을 만들고 이것이 출애굽 시킨 신이라고 했다. 그들은 실신(失神)한 것처럼 자신들을 애굽에서 인도해 낸 참 신을 잃어버리고 금송아지 형상의 우상으로 대치했다. 한편, 모세가 일러 준 제사법에 따라 아론이 속죄제를 드릴 때 두 염소 중 한 염소의 피를 취하여 단에 바르고 뿌려서 그들의 단을 성결케 하고, 다른 한 염소는 아론이 안수하고, 그들의 모든 죄와 불의를 염소의 머리에 지우고 무인지경인 광야에 풀어놓았다.

그들이 시내반도의 동북 쪽에 위치한 가데스바네아에 유숙하게 되었을 때, 모세에게 원망과 함께 강력한 항의를 했다. "여기는 파종할 곳도 없고 무화과나 포도 그리고 석류도 없고 식수도 없다."하고, 이런 곳을 성경은 '악한 곳'이라고 했다. 호르산을 지나서도 형편은 변한 것이 없었다. '불뱀과 전갈이 있고 물이 없는 간조한 땅'을 성경은 위험한 광야라고 표현했으며, 여호와께서는 황무지와 맹수가 포효하는 곳에서 지켜 주셨다고 했다. 그래서 광야는 악하고 위험한 곳이며 맹수가 우글거리는 황무지이다. 예레미아는 이런 광야를 예레미아 2장 6절에 이렇게 표현하고 있다. '광야는 곧 사막과 구덩이 땅, 간조하고 사망의 음침한 땅, 사람이 다니지 아니하고 거주하지 아니하는 땅'이라고.

광야는 그 척박한 환경 때문에 인간 스스로 도무지 생명을 부지하며 살 수 있는 곳이 아니다. 기적이 없이는, 초자연적인 힘이 없이는 한순간도 살 수 없는 지경이다. 출애굽한 이스라엘 백성들이 40년간 그 광야를 통과하게 된 것은 그들의 하나님의 도움이 있었기에 가능했다. 하나님은 반석에서 물을 내고 만나와 메추라기로 먹이고, 입은 옷이 떨어지지 않게 했으며, 광야의 모든 위험에서 눈동자같이 보호해 주셨다.

그런가 하면, 광야는 위대한 사람들의 그 위대함을 공급받을 수 있는 훈련장이기도 했다. 모세는 애급 바로왕의 궁중에서 왕자로 있다가 졸지에 미디안 광야의 목동이 되어 훈련받은 후, 이스라엘의 출애굽하는 지도자로 세움을 입었고, 바울의 아라비아 광야의 경험은 이방의 그릇으로 쓰임 받는데 덕이 되었다.

세례요한은 광야에서 약대 털옷을 입고 음식은 메뚜기와 석청을 먹고 지내면서, 세례요한은 오실 메시야의 길을 잘 예비하였으며, 광야 40일을 통과한 예수님은 인류 구원의 대업을 이룩하셨다.

세상은 광야와 같다. 곳곳에 위험이 도사리고 있어서 인간 스스로 생존을 유지하기가 어려운 곳이다. 천래의 도우심으로 함께하시는 초자연적인 힘으로 무사히 세상을 통과했으면 좋겠다.

영혼에 와 닿는 빛과 소리

'빛과 소리'라고 할 때 사물에 순서가 있듯이 빛과 소리 중 어느 것이 먼저일까 하고 부질없는 생각을 해 본다. 성경에 "조물주가 빛이 있으라 하니 빛이 있었다."고 한 것을 보면 소리가 빛보다 먼저인 것 같고, 대기 중의 전기가 방전할 때 생기는 빛과 소리는 광속과 음속의 현저한 차이 때문에 번개가 번쩍이고 천둥 소리가 다음이다.

나는 빛과 소리를 통한 소박한 행복을 누린 일이 있다. 한때 바닷가 30층 아파트의 대단지에서 30층에 산 적이 있다. 좌우로는 저 멀리 그다지 높지 않는 산으로 둘러싸여 있고, 남향 전면에는 탁 트인 광활한 바다로 통하고 있었다. 새벽 일출 무렵, 산봉우리를 넘어온 부드러운 햇빛이 닫아놓은 창문을 어루만지면, 나는 눈을 비비면서 반갑게 맞이한다. 주위는 쥐 죽은 듯 소리 없이 고요하다. 정오쯤이면 해는 중천에 달려 있고 아래로 내려쪼이는 빛을 받아 해면은 다이 아몬드를 뿌린 듯 빤짝이고 온 집안은 햇빛으로 가득찬다. 수평선 위에 육중한 상선이 거북이처럼 움직이고 가까운 수면에 날렵한 어선들이 분주히 왕래하면, 해면은 은빛으로 부드러운 춤을 춘다. 해 질 무렵이면 못다 뿜어낸 빛을 사력을 다해 발사하듯 해의 얼굴은 점점 부풀어 오르면서 검붉은 빛으로 변하고 서서히 산 너머로 작별을 고한다.

이곳으로 이사 오기 전에는 아담한 2층 단독 집에 살았다. 20여 평 남짓 되는 집 앞 정원에 파릇파릇한 잔디가 깔려 있었다. 감나무, 석류나무, 모과나무와 같은 유실수를 비롯하여 계절 따라 꽃을 감상할 수 있도록 개나리, 진달래, 동백 등의 나무와 각종 화초도 심고 상록수 몇 그루까지 곁들여 놓았다. 그랬더니 주택지에서는 좀처럼 보기 드문 짙은 숲이 이루어졌다. 이런 곳을 놓칠세라 참새를 위시하여 온갖 이름 모를 새들이 날아들고, 다람쥐들이 제 세상인 양 바쁘게 설쳐댔다. 해뜨기 전부터 정원 숲속에서 지저귀는 새소리에 잠에서 깨기도 하고, 다람쥐의 부스럭하는 소리에 눈을 뜨기도 했다. 다닥다닥 붙은 집들 때문에 비록 직사광선은 받지 못하였어도 종일 새들의 노랫소리에 즐겁기만 했다.

빛과 소리의 혜택은 그 분량을 측량할 수 없다. 낮의 햇빛, 밤의 달빛과 별빛은 말할 것 없고, 레이저 광선을 비롯한 갖가지 과학적 광선 그리고 소리가 승화된 건전한 음악과 자연의 소리는 여러 가지로 생활을 풍요하게 한다.

내가 사는 아파트에서 내려다보면 오른쪽 해안 가까운 섬 위에 등

대가 하나 서 있다. 등대가 어디 있든지 마찬가지이겠지만, 칠흑 같은 야간에 항해하는 선박의 길잡이 역할을 한다. 강렬한 빛을 발하여 사방을 비추어 주고 섬의 위치, 육지의 존재, 원근, 위험한 곳 등에 대한 정보를 선박에 제공해서 항해하는 선박의 안전에 도움을 준다.

나는 클래식 음악에 대한 전문가는 아니지만, 클래식 음악 듣기를 좋아하는 편이다. 그 중에서도 웅장한 교향곡을 선호한다. 현악기, 관악기, 타악기를 통해 흘러나오는 소리가 하나로 어우러진 아름답고 장엄한 음악, 그 교향곡을 들으면 가슴에 벅찬 감격이 용솟음친다. 많은 교향곡이 있지만 드보르작의 '신세계 교향곡'과 스메타나의 '나의 조국' 그리고 향토애가 물씬 풍기는 요한 스트라우스의 '빈 숲 속의 이야기' 등을 즐겨 듣는다.

우리 주위에는 사람의 마음을 황폐화시키는 빛과 소리가 무방비 상태로 산재해 있다. 유흥가의 휘황찬란한 네온사인은 취객들의 정신을 혼란스럽게 하고, 홍등가의 조는 듯한 불빛은 타락한 사람들을 유혹한다. 또 변질된 요란한 소리들을 음악이라는 명목으로 광분하면서 즐기고, 심지어는 파괴적인 행동, 문란한 성문화, 마약, 자살 등을 조장하는 퇴폐적인 음악을 들으면서 스스로 피폐해지는 자신을 모르고 있다.

뿐만 아니라, 지구촌 곳곳에서 섬광과 폭음을 동반한 전쟁의 소식이 끊어질 날이 없다. 종파 간의 분쟁 때문에 자살 폭탄 테러가 다반사이고, 희생당한 가족들의 아비규환의 소리가 하늘에 닿는다. 한편으로, 후진국 독재자의 나라에서 정치범들이 신음하는 소리와 아사 지경에 처한 백성들의 한숨 소리가 귓전을 때린다. 지구촌 곳곳에서 환희의 소리가 들리도록 서광이 비치었으면 좋겠다.

  나는 소년 시절, 이웃집 시각장애 형을 잊지 못한다. 그는 빛을 잃고도 절망하지 않고 통기타를 연주하면서 활동하였다. 특히 남인수의 '애수의 소야곡'을 신나게 연주하는 모습이 눈에 선하다. 나는 지금 소리를 잃은 많은 청각 장애자들과 교제하고 있고 수화도 배웠다. 그들이 모여서 신앙생활을 하는 에바다 농아교회 후원회 회원이다. 그래서 그들과 생각을 같이하며 함께 사귀면서 또 다른 기쁨을 맛보고 있다.

  빛과 소리를 잃었다고 해서 다 불행한 것은 아닌 듯하다. 빛을 잃고도 한국 사람으로 미국 최고위 공직에 오른 강영우 전 차관보나 8,000곡 이상의 찬송가를 작사한 19세기 미국의 작사자 크로스비가 있는가 하면, 소리를 잃고도 불후의 명작을 남긴 악성 베토벤과 스메타나가 있다. 빛과 소리를 동시에 잃었어도 인류의 귀감이 된 헬렌 켈러도 있다.

  수화를 하는 청각장애인으로 시각장애마저 입은 한 사람을 나는 안다. 서로 맞잡고 해야 하는 청각장애인의 수화 통역이 필요한 그이지만 항상 얼굴에 웃음을 머금고 보는 이로 하여금 마음을 편하게 해 준다. 그들은 하나같이 다들 불행하다고 생각하는 환경에서 좌절하지 않고 빛과 소리 둘 다 가진 사람들을 부끄럽게 한다. 그들은 분명 영혼으로 느끼는 빛과 소리를 보고 들었을 것이다. TV를 켜 보면 갖가지 프로그램이 빛과 소리가 되어 함께 흘러나온다. 꼭 빛과 소리가 순서를 따라 나타나지 않더라도, 빛은 빛대로 소리는 소리대로 인간에게 지대한 영향을 준다. 빛과 소리의 발전이 한 국가의 발전을 가늠한다 해도 과언이 아닐 것이다.

행복의 조건

ⓒ 하기식 2025

초판 인쇄　2025년 4월 15일
초판 발행　2025년 4월 25일

지 은 이 : **하기식**

펴 낸 이 : **이자야**
디 자 인 : **오미나**
편　　 집 : **미담길 편집팀**
펴 낸 곳 : **도서출판 미담길**

등　　록 : 2019. 10. 7. 제2019-000058호
주　　소 : 서울시 광진구 아차산로61길20, 401호
전　　화 : 010-4208-1613
E-mail : midamgil@naver.com

값 18,000원

ISBN 979-11-92507-09-5 (03810)

＊도서출판 미담길과 저자의 서면 동의 없는 무단 전재 및 복제를 금합니다.
＊잘못된 책은 바꿔 드립니다.